Roswitha Stemmer-Be

Liebeskämpfe

Lebensformen

herausgegeben von
Ulrich Beer

Band 20

Roswitha Stemmer-Beer

Liebeskämpfe

Wie Töchter ihre Mütter abnabeln

2., überarbeitete Auflage

Centaurus Verlag
Herbolzheim 2007

Die Deutsche Bibliothek – CIP-Einheitsaufnahme

Bibliographische Information der Deutschen Bibliothek:
Die deutsche Bibliothek verzeichnet diese Publikation in der Deutschen Nationalbibliographie; detaillierte bibliographische Daten sind im Internet über http://dnb.ddb.de abrufbar.

ISBN 3-8255-0499-9 / ISBN ab 2007: 978-3-8255-0499-1

ISSN 1612-2739

Umschlagabbildung: Aubrey Vincent Beardsley (1872-1898):
How Sir Lancelot was known.

Druck: primotec-printware, Herbolzheim

Meinen Töchtern
Anja und Andrea
mit
Zuversicht
gewidmet

Inhalt

Vorwort

Was ineinander verwoben ist, lässt sich nicht gut trennen und erkennen.

Verhäkelt, verstrickt, verwoben, verfilzt sind besonders die Mutter-Tochter-Beziehungen: der Stoff der Hoffnungen und Erwartungen aufeinander und der Enttäuschungen aneinander.

Das Verhältnis schwankt zwischen Nähe und Distanz. Zwischen Verschmelzen und Trennungsschnitten, Sehnsucht und Ablehnung.

Nie, nie so werden wie die Mutter, schwört sich die Tochter und sehnt sich gleichzeitig nach dem verschmelzenden Eins-Sein mit Mutter. Sie sucht sie als ihr Vorbild, gleichzeitig will sie sich mit aller Kraft absetzen. Teilweise will sie so sein wie die Mutter und in anderen Teilen nur ja nicht so wie die Mutter.

Die Tochter zur Selbständigkeit, Freiheit und Ablösung zu erziehen, ist das erklärte Ziel der Mutter: Aber kaum will die Tochter sich lösen und verwirklichen, leidet die Mutter. Noch bevor dies gelingen könnte, verhindert die Mutter schon. Rational ist das nicht: Es spielt sich in den tiefsten Tiefen der Emotionen ab. Schon allein der Versuch, Klarheit zu gewinnen, schmerzt, reißt Wunden auf. Beide sehnen sich im Grunde noch immer nach der paradiesischen Verschmelzung, nach der wortlosen pränatalen Einigkeit.

So bleiben sie verbunden, zwei aufeinandergelegte stimmige Folien: Die eine trägt die Möglichkeiten der anderen, ineinander verhaftet und bei allen Beteuerungen der Freiheit nicht wirklich losgelassen, sondern lebenslänglich verklammert.

In der Biographie von Töchtern und Müttern gibt es phasenweise Versuche zu Lösung aus der Beziehung: Der Dauerprotest der pubertierenden Tochter, das gegenseitige Sich-vergessen-Wollen, Aufarbeitungsgespräche und die Endlosdiskussionen, die Umkehrung der „Macht“, wenn die Mutter alt ist.

Mutter und Tochter: Ist das eine erstickende Verklammerung, die zärtliche Verhaftung oder die befreite, beschwingte Verbindung? Wieviel Ablösung ist nötig, ist erlaubt? Können wir – Mutter und Tochter – überhaupt miteinander darüber sprechen? Sollen wir das überhaupt? Was passiert uns, wenn wir uns loslassen? Vergessen wir uns dann? Wieviel Angst müssen wir umeinander haben? Und leben wir tatsächlich besser und leichter, wenn wir uns voneinander losgemacht haben? Was bindet uns dann noch?

Um die Fragen leichter zu beantworten und ein breiteres Spektrum zu bekommen, habe ich einen Mutter-Tochter-Fragebogen entwickelt. Den Fragebogen finden Sie im Anhang am Ende des Buches. Erkenntnisse, Antworten und Stellungnahmen aus dem Fragebogen habe ich in dieses Buch hineingearbeitet.

Bei allem war es mir wichtig herauszufinden, wie Töchter es geschafft haben, sich von ihrer Mutter zu lösen, welchen Grad von Freiheit sie errungen haben, ob das in jungen Jahren schon stattfinden kann oder erst in höherem Alter. Oder ob der Tod der Mutter erst das Verhältnis wirklich löst und gut ablöst. Ich wollte diesen Fragebogen distanziert und möglichst umfassend entwickeln, er sollte mir Antworten und Anregung geben. Als ich ihn selber ausfüllte, nachdem schon die meisten per Post eingegangen waren, tat er mir weh und machte mich traurig.

Ich behaupte, dass eine Frau nicht frei, souverän und gelassen sein kann ohne die Ablösung, ohne die Auseinandersetzung mit ihrer Mutter.

Diese erste Beziehung der Erwartungen aneinander und Hoffnungen aufeinander sind unser lebensbegleitendes Motiv, der Grundton unserer Persönlichkeit, die Folie, auf der wir agieren und sind. In den seltensten Fällen wird die Beziehung zur Mutter in den einzelnen Biographien harmonisch und übereinstimmend – ohne Stress – gewesen sein. Das ist ein Idealbild. Viel eher sind Schattierungen von Entfremdung und Enttäuschung, Ablehnung und Schmerz. Gut wäre eine lebenslange, lebensbegleitende Verbindung von Frage und Antwort, von Dranbleiben und Loslassen, aber auch das ist ein Ideal. Meist kommt es zur Auseinandersetzung mit Streit, oft meiden sie sich auch und vergessen einander. Dazwischen liegen alle Schattierungen von Begegnungen: Zwei in einer schmerzlich-schönen Klammer. Vielleicht muss man älter und alt werden, damit endlich aus den Extremen der Beziehung, aus dem Schwarz-Weiß-Kontrast die sanften Zwischentöne gefunden werden. Mit neuer Erkenntnis und meiner größeren Stärke könnte ich meine Mutter in das neue Land unserer neuen Beziehung locken – unmerklich vielleicht. Was uns nicht gelingt, könnte ich lassen – ohne Vorwürfe, ohne Versagensängste, ohne Anklage. Ich könnte sie verstehen lernen.

Aber auch die Bewältigung alleine kann gelingen, und auch dafür ist das Buch geschrieben: Ich könnte mich mit ihr versöhnen – ohne dass sie davon weiß. Ich könnte mich mit ihr versöhnen, sogar nach ihrem Tod. Ich könnte ihr Leben akzeptieren und alles, was mir an ihr unzulänglich und ungenügend erschien, ihr verzeihen, weil wir nicht – auch wir nicht – vollkommen sind.

Die Emanzipation der Frau ist nicht die Emanzipation vom Mann, sagt die Psychotherapeutin Margarete Mitscherlich in ihrem Buch *Über die Mühsal der Emanzipation*, sondern von der Mutter. Ich möchte einen Schritt weitergehen: Die Freiheit von der Mutter, die Ablösung von ihr in einer klaren, aber auch verstehenden und verzeihenden Gebärde ist ein Schritt zu einer Freiheit in der Welt, bringt uns dem Kern unseres Selbst näher, unserem wirklichen Wollen, unserer Souveränität.

Ein weites Herz: Liebende Mitmenschlichkeit, Ruhe und Gelassenheit können in unser Leben einkehren.

Roswitha Stemmer-Beer
Oktober 2004

I Erwartung und Freude

Im Anfang waren wir eins – sagt die Mutter

Nach der Ungewissheit der ersten Tage und Wochen – schwanger oder nicht? – überfluten und überschütten aufregende Wechselbäder an Gefühlen und Gedanken die Mutter in spe. Meist beruhigt sich dann alles. Und es entsteht eine wohlige Vorfreude in der Schwangerschaft – ein wachsendes, wärmendes, ein immer mehr und alles erfüllendes Gefühl: Die große Freude auf das Kind, dieses Lebewesen, das in uns wird, wächst und Gestalt annimmt! Umrisse sehen wir schon beim Frauenarzt im Ultraschall! Es ist noch so winzig! Und doch hat es schon Gestalt! Der Arzt erklärt uns Bewegungen und Herzschlag, und tatsächlich, mit seiner Hilfe sehen wir ein Pochen und Pulsieren. Und dann druckt er das erste Foto unseres Kindes aus: „Da, schaut mal“, sagen wir, „hier ist unser Kind – vier Monate! Seht ihr's nicht, es lächelt schon!“, verkünden stolz die Eltern, wo die anderen beim besten Willen nur Grauschleier mit diffusen weißen Punkten entdecken können ...

Unglaublich! Unser Kind! Es lebt und atmet, bewegt sich. Schon nuckelt es am Daumen und hat Schluckauf ... Mit dem Wachsen des Kindes in der Schwangerschaft wächst die Vorfreude, dieses sich nach innen hinwendende, nach innen sich ausbreitende, das Kind und die Welt umfassende und umarmende Gefühl: Das Gefühl der Mutterliebe. Und doch ist es meist ein schwieriges, schwankendes Gefühl: eine Mischung zwischen Freude und Es-nicht-mehr-erwarten-Können oder Freude und Angst oder Angst und Unsicherheit oder Ablehnung und Verzweiflung – je nachdem auf welche Mutter in welcher Lebenssituation es trifft.

Zu Anfang ist dieses Gefühl noch nicht personifiziert. Es gilt dem Kind – einem Es, noch einem Neutrum. Noch ist nicht klar, wird es

Junge oder Mädchen. Es ist ein noch nicht bekanntes Wesen, noch nicht genau differenziert, noch nicht greifbar und kaum beschrieben, auch wenn wir ihm schon Kosenamen zuflüstern oder es mit einem richtigen Namen stolz benennen.

Sowohl in der Schwangerschaft wie auch nach der Geburt, in der Zeit des Stillens und in den ersten Wochen ergreift uns dieses fürsorgliche, wohlwollende, aufmerksame, immer bereite Gefühl der Mutterschaft und der schützenden und bergenden Umfassung.

Noch sind Mutter und Kind in einem großen Einssein verbunden, das Adolf Portmann den sozialen Mutterschoß nennt. Irgendwann trennt sich dieses Einssein aus der Gemeinsamkeit in zwei Welten: in die Person der Mutter und in die Person des Kindes. Das Kind, das jetzt ein Junge oder ein Mädchen ist. Jetzt, wenn sich der Ausdruck und die Äußerungen des Kindes differenzieren, sich das erste Lächeln und ausdrückliche Äußerungen von Freude und Unmut zeigen, werden wir aufmerksam für die Persönlichkeit des Kindes. Das Kind zeigt uns, dass es da ist, ein Individuum, anders fühlend und sich anders äußernd als wir – etwas Neues und ganz Eigenes. Aber noch ist es klein und so hilflos, dass es sich wenig Loslösung gestatten kann. Trotz eigener Wege beim Krabbeln oder den ersten Schritten sucht es immer wieder den rückversichernden Kontakt zu Mutter oder Vater. Das Kind vergewissert sich. Die Spannen der Eigenständigkeiten sind kurz.

Töchter sind keine Söhne

Das Verhältnis zwischen Mutter und Sohn ist innig und eng, will sich aber nach dem anfänglichen Verschmelzen, der Mutter-Kind-Symbiose der ersten Jahre deutlich trennen. Trotz Anhänglichkeit, Schmusen und sehnsüchtiger Weichheit – der kindlichen Rückversicherung – strebt er von der Mutter weg. Der Sohn kann sich die Mutter nicht einfach so zum Vorbild nehmen. Er kann ihr nicht so einfach nachleben, sondern wird und muss sein Anderssein früh abgrenzen. Er wird sich – zunächst unbewusst – am Vater orientieren. Der Vater wird seine Welt vermitteln, das beginnt schon früh: Wie der Vater stolz seinen Sohn vorzeigt, wie hoch er ihn in die Luft wirft, ein bisschen höher als die Tochter, die Mutproben sind mutiger, die Erwartungen fordernder – bei seinem Sohn! Männliche Übereinstimmung liegt sozusagen in der Luft! Da wurde noch nichts verbal geäußert, geschweige denn etwas typisch Männliches zwischen Vater und Sohn getan oder gespielt, noch nicht einmal eine kleine Runde Fußball probiert! Der Sohn strebt in eine andere Rolle – und die Mutter versteht.

Simon Baron-Cohen, Wissenschaftler und Psychologe am Trinity College in Cambridge und Autor des Buches: *The Essential Difference* kommt zu folgenden wissenschaftlichen Forschungsergebnissen: Schon pränatal prägen individuell unterschiedliche Testosteronanteile deutlich die Geschlechter. Im Normalfall kämen Männer und Frauen mit fundamental unterschiedlichen Gehirnen zur Welt. Das männliche Gehirn habe eher die Fähigkeit, die Welt systematisch zu betrachten, das weibliche Gehirn sei dagegen von Natur aus eher auf Einfühlung oder Empathie ausgerichtet. Er vergleicht pränatales Testosteronvorkommen bei Jungen und Mädchen und überprüft in Versuchsanordnungen frühkindliches Verhalten von Säuglingen. Er stellt fest: Jungen und Mädchen zeigen im Durchschnitt typisches geschlechtsspezifisches Verhalten je nach Höhe des Hormonanteils von Testosteron. Seinen Untersuchungen zufolge sind Jungen (mit durchschnittlich höherem Testosteronanteil) weniger auf die Mutter bezogen, suchen weniger ihren Blickkontakt als die in derselben Studie untersuchten Mädchen. Die schon im Mutterleib angelegte biologisch-hormonelle Ausstattung gibt eine männliche oder weibliche Ausrichtung. Ein höherer oder niedrigerer Hormonanteil an Testosteron verstärkt oder schwächt das Männliche in Mann oder Frau oder vice versa das Weibliche.

Die Mutter ihrerseits unterstützt die Sozialisierung und Rollenfindung des Sohnes. Sie zeigt ihm verbal und durch ihr Verhalten seine männliche und geschlechtsspezifische Rolle und Ausformung, direkter und abgegrenzter als bei der Tochter. Natürlich geht sie auf die Bedürfnisse des kleinen Sohnes, auf seinen Kummer und Schmerz liebevoll und nachgiebig ein, sie tröstet, trocknet Tränen, sie küsst ihn, aber doch mit einer gewissen Abgrenzung. Sie setzt Grenzen, elastisch, aber sie setzt sie.

Bald wird er damit beginnen, der Mutter gegenüberzustehen und seine Abgrenzung zu verteidigen. Und sie akzeptiert. Ja, sie wird ihn in seinem Anderssein unterstützen, ihn vielleicht darauf hinweisen. Sie fordert ihn in seiner Selbstfindung als Mann, sie toleriert seine Von-ihr-weg-Bewegung, und nicht nur das, sie befürwortet sie. Sie leitet sie ein. Sie fordert sie heraus. Sie fördert die Verschiedenheit unter dem Aspekt und zugunsten der Eindeutigkeit der Rolle, zu der erzogen werden soll. Mittels Wort und Verhalten gibt sie in einer Verstärkung an den Sohn weiter, wie sie sich ihn wünscht, wie aus ihm ihr großer, starker, tüchtiger Mann werden kann. Sie berücksichtigt seine Verschiedenheit und ist bereit, ihre Vorstellungen und Ansprüche an ihn immer wieder unter diesem Aspekt zu überprüfen und zu korrigieren.

Anders verhält es sich bei der Tochter. Die Nähe zur Tochter ist tief. Hier ist eine andere Dichte. Die Beziehung zwischen Mutter und Tochter ist ein besonders inniges Verhältnis. Die Bindung beginnt früh mit dem unausgesprochenen Übereinkommen: Wir sind eins. Die Nähe ist groß. Lange Zeit – vielleicht möglichst lange – möchte sich keine von der anderen lösen.

Die Mutter ist für die Tochter der Anfang und der Inhalt ihres weiblichen Seins. Und von Vorbild, Ideal, Imitation, Gleichmacherei bis zur absoluten Ablehnung durchläuft die Tochter die Vorgaben und Maßgaben der Mutter.

Die Mutter ist für die Tochter alles: Nährerin, Vertraute, Urgrund, Wärme, Nest und ihr großes Ziel. Sie, die Mutter, kann und weiß alles, glättet und zaubert, ahnt und handelt und schafft immer wieder neu. Die Mutter ist Eva und Maria, Verführerin und Retterin, Hexe und weise Frau: Verborgene archetypische Vorbilder von Mütterlichkeit nimmt die Tochter bei der Mutter auf. Dazu braucht es nicht viele Worte. Es genügt zu schauen und nachzuleben, was die Mutter tut und wie sie es tut. Wie die Mutter fühlen und sich wie eine Mutter fühlen, ist die erste Sehnsucht des kleinen Mädchens.

Verstehen ohne Worte

Sie verstehen sich einfach gut – auch ohne Worte. Sie ahnen einander, sie spüren sich ab. Die Mutter ermuntert das kleine Mädchen in allen unterschwelligen, unausgesprochenen Botschaften hin zu sich und motiviert in erster Linie alles, was das kleine Mädchen als ein Mädchen auszeichnet und die zukünftige Frau verspricht. Die Mutter bestärkt sich und ihre Mutterrolle in der kleinen Tochter. Das geschieht gefühlsmäßig in vielen kleinen Zeichen von Anerkennung, die sich körpersprachlich ausdrücken oder anders gesagt in einem Wohlwollen, das die Mutter ausstrahlt und das sie umgibt wie ein Wärmehauch und ein großer Geborgenheitsmantel.

Die Frage wird immer wieder diskutiert: Ist die Sehnsucht der Frau nach Mütterlichkeit und Mutterschaft ein Ergebnis von Hormonen, ein Naturtrieb oder eine rollenfestschreibende Erziehung?

Diese Frage wird uns wohl noch lange bewegen – meiner Meinung nach ist es müßig, darüber zu diskutieren. Trotz der emanzipatorischen Anstrengungen der Frauenbewegung der 60er und 70er Jahre des 20. Jahrhunderts (Wir wollen und können wie die Männer sein!) zeigt sich, dass Mädchen Mädchen sein wollen, auch wenn ihre ehrgeizigen Mütter sie emanzipiert erziehen, wie die Jungen, erziehen wollten. Mädchen dieser Erziehungen sind zunächst wie Jungen: Sie spielen und interessieren sich für Jungenspiele, raufen und klettern, kleiden, reden und bewegen sich wie Jungen – ein Junge ist an ihnen verloren gegangen, sagt der Volksmund. Aber in den Jahren der Pubertät fällt alles von ihnen ab: Sie kehren zu den Verhaltensformen der Weiblichkeit zurück, die bisher verpönt waren und sie noch nie gelernt haben. Sie sind so typisch Mädchen, Weibchen, dass sie alles tun, ihre bisherigen körperlichen und geistigen Leistungen zu verstecken. Mädchen, die Jungen gefallen sollen (und das wollen sie ja!), sind auf keinen Fall im Wettbewerb mit Jungen. Ja, jetzt auf einmal, fallen sie in ihren Leistungen zurück. Sich weiblich schmücken, schminken und kleiden und alle die Mädchen-Gespräche und Weibchen-Informationen sind allerwichtigst. Ein bisschen naiv-kichernd und begriffsstutzig sei das richtige Weib, scheint die Devise. Also geben sie sich lieber ein bisschen naiv und dumm – zum ungläubigen Entsetzen der Eltern.

Ich habe in eigener Erfahrung gelernt, dass meine große Tochter nur zwangsweise und unter Tränen zu den Bubenspielen hätte angehalten werden können. Viel lieber und begeistert spielte sie mit dem großen Puppenhaus mit Puppenküche und Bettchen, Puppenkindern und anderen kleinen Mädchen am eifrigen Mutterspiel. Mein Gedanke, sie noch mehr zu fördern, ihr männliches Denken und andere Welten spielerisch zu ermöglichen, war eben nur ein schöner (?) Gedanke – von mir ausgedacht. Und für sie? Für meine Tochter war es Alptraum, eine tränenreiche Erfahrung – ein forcierter Vorgang.

Und noch etwas konnte ich feststellen: Der kleine Bruder spielte trotz Anordnung der großen Schwester einfach nicht so mit den Puppen, wie von der großen Schwester befohlen, nein! Er räumte die Puppenkinder alle ziemlich rigoros aus dem Puppenwagen, drehte ihn um und ließ die Räder sausen ...

Der schon zitierte Psychologe Simon Baron-Cohen konstatiert als Erfahrung aus der Erziehung seiner eigenen Kinder auf die Frage: „Glauben Sie, was das betrifft (Wir werden auch sehen, was dabei heraus kommt, wenn man lange Zeit versucht, in der Schule Mädchen und Jungen exakt für die gleichen Inhalte zu begeistern,) an die formende Kraft der Erziehung?" Seine Antwort: „Ich habe zwei Söhne und ein Mädchen, 14, 12 und 8 Jahre alt. Klar, dass ich als Vater niemals sagen würde, Erziehung sei Zeitverschwendung. Aus meiner Sicht sind aber die spontanen Entscheidungen interessant, die ein Kind trifft. Ich hätte es schön gefunden, wenn meine Kinder nicht den klassischen Rollenklischees folgen würden. Also habe ich wie viele Eltern meiner Tochter Autos und den Jungs Puppen zu spielen gegeben. Aber es hat wenig gebracht. Die Interessen scheinen tief aus dem Innern zu kommen."

Die Biologie des Menschen scheint die größte Grundvoraussetzung des Menschen zu sein. Zum Mannsein gehören die Erfahrungen aus der Bubenzeit, zum Frausein die Erfahrungen aus der Mädchenzeit. Unangefochtene Erlebnisse in der Kindheit und ungebrochene Möglichkeiten zur Identifikation auch und gerade in der Rolle des eigenen Geschlechts tragen zu einem gesunden Erwachsenen-Ich bei. Sie ermöglichen erwachsene Freiheit.

Und das halte ich für die schönste und wichtigste Aufgabe: Die Hinführung des Kindes zu sich selbst. Es gibt weiche Jungen und wilde Mädchen, wilde Jungen und weiche Mädchen. Wie schön, dass wir heute entsprechend Temperament und Naturell das Kind fördern und erziehen können. Wir können unseren Kindern – befreit von der Erziehungsmoral der vergangenen Zeiten und dem rigiden Diktat der Frauenemanzipation – einen anderen Weg aufzeigen. Es ist nicht mehr so wichtig zu erziehen, wie ein *richtiger*

Mann sich verhält oder die mütterlich-hausfrauliche Frau tut, sondern zum Menschen zu erziehen. Dabei dürfen sich Männer und Frauen unterscheiden. Und es dürfen sich auch Männer von Männern unterscheiden, wie es betont feminine oder eher maskuline Frauen geben kann. Entlastendes, zukünftiges, ethisches Prinzip könnte werden, den Jungen, das Mädchen zu einem Menschen entsprechend seiner genetischen, intellektuellen und emotionalen Fähigkeiten zu erziehen.

Wertung ist Abwertung

Es geschieht etwas Unmerkliches. Die Ausflüge und Selbständigkeiten des Kindes erfahren eine Wertung. Was zunächst noch die Ermunterung des Kindes zur Beweglichkeit und zum großen Abenteuer in der Welt ist, wird unbewusst, aber deutlich zweigeteilt betrachtet, und eine wertende Trennung geschieht ganz im Verborgenen.

Die Mutter denkt und fühlt in zwei Kategorien. Auch wenn sie für beide – Sohn wie Tochter – rational die selben Erfahrungen und Freiheiten anstrebt, sich die selben Möglichkeiten ausdenkt und erträumt: eine irrationale, eine gefühlsmäßige Trennung ist erfolgt. Die kleine Anna darf so viel und genauso wie der kleine Peter. Oder doch nicht?

Jedes von den beiden wird anders für die Welt ermuntert. Jedem erlaubt sie die selben Freiheiten – schließlich soll jedes die gleichen Möglichkeiten vorfinden. Beide möchte sie uneingeschränkt fördern. Und trotzdem! Da ist eine geheime Beurteilung. Es ist nicht gleichgültig, wer den Ausflug mit dem Dreirad zur Nachbarin riskieren will, ob ein Junge oder ein Mädchen. Der Junge wird vielleicht noch einmal zur Vorsicht ermahnt, aber im Grunde mit einem „Du-kannst-das schon“ bestärkt. Der Ton ist zuversichtlich und direkt. Bei der Tochter schwingt ein leiser Zweifel mit. Das kurze Zögern wird zur Wertung, zu einer unbewussten Gewichtung der kindlichen Welteroberungen. So selbstverständlich und geradlinig-direkt wie bei ihrem Sohn bestärkt sie die Tochter in ihren Freiheitstendenzen nicht. Der Junge findet sich in diesen Taten und in diesem Verhalten immer mehr bestätigt. Das Mädchen spürt das Zögern und wird nicht in diesem Maße ermutigt und bestärkt. Mehr und mehr wird es abspüren, wo uneingeschränkte Zustimmung kommt und sich danach verhalten. Möglicherweise erfahren Eroberungsdrang, Wagemut und Draufgängertum hier schon eine frühe latente Beschränkung. Würde man die Mutter darauf ansprechen, wäre sie vermutlich entsetzt und würde das weit von sich weisen.

Beide dürfen sich zu dem entwickeln, was sie sein wollen:

Mit der Tochter verhält es sich aber doch noch ein bisschen anders. So manche Mutter ist gerührt, amüsiert und begeistert über ihr kleines Mädchen: Wie es doch mit seinen kleinen Schuhchen in Mutters Stöckelschuhe schlüpft. Es zieht sich Mutters Bluse irgendwie über, balanciert Mutters großen Hut auf dem kleinen Köpfchen und stöckelt durch die Wohnung. Mutter liebt ihr kleines Mädchen für dieses rührende Verwandlungsspiel. Sie tupft ihm vielleicht auch noch roten Nagellack auf die Finger, weil das doch auch zu einer so schicken kleinen Ballkönigin noch dazu gehört, und sie tut etwas, was ihr Junge so nie von ihr erfahren könnte: Sie bestärkt das Mädchen in ihren weiblichen Möglichkeiten, sie bestärkt sie in ihrer Identifikation. Und sie sieht das Verwandlungsspiel der Tochter nicht nur als Vorübung zur zukünftigen Frau, sondern sie findet sich selbst in den vielen Äußerungen der kleinen Tochter wieder. Das kleine Mädchen ist das spielerische Abbild der Mutter. Mit welcher Hingabe, mit welchen gleichen Sätzen das kleine Mädchen für die Puppen kocht, mit ihnen spricht, sie lobt und tadelt – die Mutter sieht sich gleichsam selbst. Und in diesem Spiegelbild gefällt sich die Mutter. Der Narzissmus der Mutter ist geschmeichelt.

Wozu hat die Mutter uns erzogen?

Die Frage des Fragebogens: *Wie haben Sie die Erziehung Ihrer Mutter empfunden? Als eine Erziehung zu ...?* zielt sozusagen mitten ins Problemnest. Wohin geht mütterliche Erziehung? Wie wird, wie wurde sie empfunden?

Hier die Liste der angebotenen Erziehungsziele, die natürlich individuell ergänzt werden könnte:

- *Freiheit*
- *Selbstbestimmung*
- *Souveränität*
- *Demokratie*
- *Nächstenliebe*
- *Denken*
- *Entscheiden*
- *eigenständiges Handeln*
- *Mut*
- *Kreativität*
- *Phantasie*
- *Musikalität*
- *Spiel*
- *Religiosität*
- *Anpassung*
- *Selbstaufgabe*
- *Fremdorientierung*
- *Machtanspruch*
- *Sich-Fügen*
- *Autoritäten-Akzeptieren*
- *Abwarten*
- *wenig Stellung-Beziehen*
- *Sich-Ducken*
- *So-sein-wie-andere*
- *Vergleichen*
- *Bravheit*
- *Lächeln*
- *Frömmelei*

- *Ganz anderes*

Bitte schreiben Sie so ausführlich Sie mögen

Zur Auswertung des Fragebogens: Wie zu erwarten war, lagen Erziehungsschwerpunkte weniger auf Freiheit und Selbstbestimmtheit, sondern mehr auf sozial-karitativen-christlichen-musischen Schwerpunkten.

Freiheit und Selbstbestimmtheit, Souveränität, Demokratie waren zwar bei etwa 10% ein Erziehungsziel, insgesamt wurde doch Wert gelegt auf Erziehung zu eigenständigem Handeln, Mut, Denken, auch Entschiedenheit, Kreativität, Phantasie. Die meisten allerdings kreuzten folgendes an: Erziehung zu Musikalität, Religiosität.

Es häufen sich allerdings die Markierungen auf der rechten Seite der oben abgebildeten Frageliste, als ob fast alle befragten Töchter durch eine Erziehungsschule von Anpassung, über Sich-Fügen, Autoritäten-Akzeptieren usw. durchgetrieben worden wären. Im Grunde wurde vehement die rechte Seite der oben abgebildeten Liste markiert. Deutlich aber nicht Frömmelei. (bis auf eine).

Interessant und aufschlussreich waren auch die Begleitsätze oder Begleitbemerkungen, die ich im Originalton hier wiedergebe:

Die Erziehung war nach den Randbemerkungen der Beantworterinnen in ihrem Fall eine Erziehung zu Pflichterfüllung:
Pflichterfüllung, Anstand, keine Verletzung anderer Personen
oder löste Angst aus: *vor Vater und Autoritätspersonen*
oder verursachte schlechtes Gewissen und Schuldgefühle: *Vermitteln von schlechtem Gewissen, sehr viel belastender als Verbote* oder *für mein Kind tue ich alles, bin aufopfernd für das Kind ... das machte mir Schuldgefühle* oder brachte eine Art Dünkel, ein Sich-als-etwas-Besseres-fühlen: *Ich fühlte Borniertheit bzw. eine herausragende Stellung bei gleichzeitiger Anpassung. Leistung war: So und besser sein als andere, auch im Konventionellen sich hervortun* oder *Autoritäten „erkennen" und überbewerten, ein Sich-Messen, Vergleichen und Sich-besser-dünken im Sinne von „andere Leute sind für uns kein Maßstab", Lächeln im Sinne von Höflichkeit.*

Ein mütterlicher bzw. elterlicher Erziehungsstil wurde in seiner Auswirkung auch positiv erlebt, nämlich dann, wenn Erziehung bewirkte: *für mich selbst verantwortlich sein!* oder *dennoch eine ordentliche Portion Selbstwertgefühl aufgrund eines gediegenen gebildeten Elternhauses, das sie mir zu vermitteln versuchten!*

In der negativen Auswirkung hatte Erziehung dadurch, dass sie so erlebt wurde, als Antwort die töchterliche Gegenposition: *meine Erziehung brachte meinen Trotz und Gegenwehr* oder *ihre Erziehung hat mich zum „anders sein" und „anders handeln" angeregt – mit Erfolg!* oder *Ich habe das Gefühl, als hätte ich meine Persönlichkeit gegen die Erziehung durchgesetzt durch Verweigerung, Trotz, Distanzierung. Ich hatte immer das Gefühl, ich sei nicht in Ordnung. Aber ich konnte auch nicht anders sein als ich war. Daraus entstand eine Mischung aus Trotz und Unsicherheit* oder *durch das: mich nicht annehmen, war ich gezwungen, meinen Weg allein zu finden*

Ein Fragebogen beschäftigt sich zu Recht mit einem geschlechtertypischen Erziehungsstil und unterscheidet bei Erziehung wozu? zwischen väterlichem und mütterlichem Erziehungsstil, zwischen männlichen und weiblichen Erziehungsstilen.

Was ist das: die gute, die beste Mutter?

Alle wissen ganz genau, wie eine gute Mutter ist und zu sein hat: Sie ist wärmend, liebevoll, geduldig, tröstend, ausgeglichen, fröhlich, redefreudig, verständig, sportlich, organisiert, entschieden, konsequent, jederzeit für das Kind da, nie müde, geradlinig, lobt dreimal, bevor sie nur einmal tadelt, weiß immer die richtige Antwort, ist Halteseil und Sprungbrett, Auffangstation und Trainingsstätte, Spielkamerad und Herausforderer, Quelle und Hort. Alles im richtigen Augenblick, zur richtigen Zeit, versteht sich – kurz, die Frau mit der Vielseitigkeitsprüfung – fehlt nur noch die Marke am Ohr!

Wer ausschert aus dem Katalog der Eigenschaften, ist als Mutter ungenügend, mangelhaft, vielleicht gerade noch ausreichend und erhält leicht den Stempel: Rabenmutter.

Unsere moderne Lebenswelt ist eine andere als noch vor fünfzig Jahren. Die Anforderungen an junge Paare, an junge Frauen sind so verschieden von denen der früheren Generationen. Frühere Modelle sind nicht übertragbar, woran wollte man sich orientieren? An der Kriegsgeneration der Großmütter? Der Generation unserer Mütter, wo Berufstätigkeit der Frau noch verpönt und verurteilenswerte Emanzipation war? Jedes Paar formt sich seine eigene Lebenswelt nach seinen eigenen Notwendigkeiten und jede Frau nach ihren eigenen Vorstellungen und Ansprüchen.

Fast möchte man sagen: Das Muttersein ist eine Mode. Durch die Jahrhunderte präsentiert sich Muttersein wechselnd. Und hier meine ich natürlich nicht die biologische Funktion der Mutter, sondern die soziale, die ethische, die Mutter als Erzieherin und „Bildnerin" ihres Kindes. Mutter-Sein war in erster Linie das Gebären von vielen Kindern, Söhnen insbesondere. Erziehung, Einfluss und Führung war anderen überlassen: der Nährmutter, der Amme, dem Kinderfräulein, der Gouvernante, dem Hauslehrer, dem Fechtmeister, dem Reitlehrer, dem Musiklehrer. Bei Bauern und Handwerken waren es die älteren Schwestern, ledige Tanten, die Großmütter, die mehr oder weniger erzogen. Erziehung in unserem Sinne, im Sinne von Bildung, konnte man es kaum nennen, es war mehr Aufzucht zum Überleben und grobe Anpassung bis zum Eintritt in die Erwachsenenwelt: Der Junge kam mit vierzehn Jahren in eine Lehre, das heißt außer Haus, in Kost und Logis bei einem fremden

Meister in einem fremden Haushalt. Das Mädchen wurde als Magd oder Hausmädchen verdingt, weggegeben oder aber besser – gleich verheiratet.

So viel Mutter wie heutzutage war nie! Die biologische Mutter und die soziale Mutter sind kaum zu trennen. Die moderne Mutter erfüllt selbstverständlich in einer Person viele Rollen, viele Aufgaben: Sie fungiert als Ernährerin, Amme, Köchin, Putzfrau, Büglerin, Apothekerin, Masseuse, Handwerkerin, Chauffeuse, Einrichterin, Lehrerin, Beichtmutter und Psychologin, Festveranstalterin, Buchhalterin, Programmiererin (der Maschinen) usw. usw. Sie erfüllt funktionale Aufgaben, die zum Überleben der Menschen ihrer Familie notwendig sind. Sozial-ethische Aufgaben, die Staat und Gesellschaft von ihr erwarten, und menschliche Aufgaben, die Kinder und der Partner nötig haben. Als Ehefrau und Partnerin sollte ihr auch noch die Rolle der Kameradin, gleichberechtigt Berufstätigen, der Geliebten, und allzeit bereiten Verführerin gelingen ...

In vielem bastelt die Frau der Jetztzeit ihr eigenes Konzept. Erziehungsstile und Ernährungsmoden wechseln: Allein am Auf und Ab des Stillens lässt sich Wichtigkeit und Wertschätzung des Mutterberufes ablesen: In den 60er und 70er Jahren des vorigen Jahrhunderts war Stillen unmodern, ja verpönt! Es wurde abgeraten und verhindert. Die Argumente waren: Die absolute Garantie für das gesündeste, intelligenteste Kind sei künstliche Säuglingsernährung. Und wer will das nicht? Es wurde vor Abhängigkeiten gewarnt: der Mutter vom Kind und umgekehrt. Argumente, die offenes Ohr fanden, waren die Attraktivität der Frau für den Mann, die Schönheit der Brust usw. Wer stillte, war ein unverbesserliches Muttertier ...

Das Muttertier – ein Beruf?

Mareijke, Mutter der 14jährigen Sandra, ehemalige Verwaltungsangestellte, 38, bezeichnet sich lachend als den Engel auf Rädern. Sandra, ihre Tochter, ist in einen aufwendigen Terminplan eingespannt. Sie ist in zwei Sportvereinen aktiv: Sandra spielt Hockey und ist auch noch in einer Leichtathletikwettkampfgruppe engagiert. Deshalb fährt die Mutter sie von einer Veranstaltung zur anderen, denn die Wege sind weit. Sandra spielt auch noch Querflöte in der Jugendmusikschule im Zentrum der Stadt. Hockey und Flötenunterricht lassen sich auf diese Weise wenigstens verbinden. Hin und wieder braucht Sandra Nachhilfe in Latein. Dorthin bringt sie die Mutter, aber der Vater kann sie dann nach Dienstschluss abholen. Nur am Rande: der 16jährige Sohn Mike ist nicht ganz so zeitraubend ...

Brigitte O., 32, ist gelernte Schneiderin. Es ist klar, dass sie für ihre Achtjährige all das Outfit, romantische Kleidchen und lässige Hosenkombis näht, die Sara-Maria trägt. Sara-Maria ist schließlich ihre einzige und noch eine Süße dazu. Und weil Sara-Maria auch noch Ballettmädchen ist, näht sie auch die Balletträckchen und bei einer Jahresaufführung ist sie selbstverständlich bereit, für die ganze Gruppe die Kostüme zu nähen. Umsonst natürlich. Dafür ist Sara-Maria dann sowieso und umso mehr der Star. Was man nicht alles tut als Mutter ...!

Romanas Tochter Alexa leidet schon lange an einer Stoffwechselkrankheit. Damit sie nicht ständig daran erinnert wird, ihre Kindheit möglichst unbekümmert genießen kann, hält Romana (37) einen sehr disziplinierten Ernährungs- und Speisenzubereitungsplan ein. Tatsächlich ist Alexa aufgrund der Sorge ihrer Mutter ein lustiges, fröhliches Mädchen, nicht sehr belastet durch ihre Krankheit. Sie hat gelernt, in punkto Essen und auch Naschen sehr diszi-

pliniert mit sich umzugehen. Das ist wohl das einzige, was sie von den anderen Mädchen ihres Alters unterscheidet. Wäre die Mutter nicht, könnte es aber auch anders sein ...

Der Beruf der Hausfrau und Mutter wird noch immer unterschätzt.

Natürlich und wenn es gut geht, überlegen, entscheiden und erziehen zwei – Mutter *und* Vater. Aber wer trocknet die Tränen, wer geht zum Kinderarzt, wer spricht mit der Lehrerin? – meist doch die Mutter. Die Väter entlasten sich noch immer gerne von diesen Aufgaben, und wenn sie eingreifen, dann gerne als ‚letzte Instanz' und als Kontrollfunktion: Der Papa ist der ‚Sager' wissen die Kinder.

Die schöne, verantwortungsvolle Aufgabe der Mutter – ohne die Schwierigkeiten zu übersehen – ihren Kindern gegenüber ist das Hüten – Fördern – Ausrüsten: Das ist die tägliche selbstverständliche Begleitung, das Für-die-Kinder-da-Sein ohne große Worte.

Die drei Begriffe kann man kaum voneinander trennen, jeder spielt in den anderen hinein, und oft genug ist der richtige Weg zwischen allen ein Balanceakt.

Das (Be)Hüten: Selbstverständlich behütet man kleine wie größere Kinder vor Gefahren. Man kann nicht genug vorsichtig sein, Gefahren und Situationen im Auge zu behalten, vorauszusehen und Vorkehrungen zu treffen und trotzdem – man möchte ja auch zutrauen und den Kindern die Freiheit lassen, Situationen und Gefahren eigenständig zu bewältigen. Wie weit ‚organisiere' ich als Mutter die Selbständigkeit der Kinder d.h. inwieweit schafft die Mutter Situationen und Herausforderungen für ihre Kinder, die sie meistern können? Wie sehr fördert sie ihren Mut und ihr Zutrauen in die eigene Leistung? „Ich kann schon Rad fahren", sagt der Dreikäsehoch und platzt vor Stolz aus allen Nähten. Der Mutter aber krampft das Herz zusammen, wenn sie das Kerlchen davon wackeln sieht, und da, da fegt ein Auto um die Ecke und der Kleine ist so nah am Randstein – schon will sie rennen ...

Selbstverständlich behütet die Mutter beide – Jungen und Mädchen. Aber es gibt doch graduelle Unterschiede. Jungen erlaubt die Mutter mehr. Jungen müssen mehr *dürfen*. Bei der kleinen wie bei der großen Tochter kann man nicht vorsichtig genug sein, immer bereit und auf dem Sprung zu warnen. Die Mutter wird sie fester im Auge behalten und trotzdem – sie möchte ja auch zutrauen, Freiheit lassen und motivieren, Gefahren zu bewältigen. Packe ich meine Tochter in Watte oder lasse ich ihr die eine oder andere Herausforderung? Wie weit fördere ich ihre Selbständigkeit und ihren Mut? Kann sie das? Lasse ich sie alleine beim Dämmerlicht nach Hause laufen oder inszeniere ich ein absolut sicheres Schutzgeleit?

Die täglichen kleinen, aber doch so wichtigen Entscheidungen, wer trifft sie? Die Mutter!

Das Fördern: In das Behüten spielt das Fördern mit hinein. Jede Mutter möchte ihr Kind natürlich fördern. Denn, wenn sie den Kindern Herausforderungen zutraut, ihren Mut, ihre Eigenständigkeit, ihr Durchhaltevermögen stärkt, fördert sie. Mehr als durch all die vielen Vergünstigungen und Angebote, die man mit Geld bezahlen kann, von den Tennistrainerstunden bis zum Designeroutfit. Auch der Balanceakt der Förderung, die doch jeder seinem Kind in höchstem Maß zuteil werden lassen möchte, ist ein schwieriger. Es tauchen immer wieder Fragen zu einer ausgewogenen Erziehung auf. Wie viel an Bildung von Körper und Geist ist für mein Kind nötig, möglich und für alle lebbar. Kann unser Geldbeutel das verkraften? Kann die Familie das verkraften, kommt nicht irgendeiner zu kurz? Können wir das durchhalten? Aus vielen Facetten der Familie muss entschieden werden und dann auch noch oft unter Druck: Die Zeit drängt, die Tochter quengelt, der Sohn mault, und Vater ist auch noch da!

Wenn Eltern ihre Kinder fördern wollen, ist das ein erzieherischer Akt: die Entscheidung und der Vollzug. Was ist das Beste für sie (Instrument, Sportart, Umgang?), wo finde ich den/die für sie geeignete(n) Ausbilder/in, wie organisieren wir den Ablauf (fahren, abholen, üben, finanzieren etc.)? Alles nicht so einfach, oder? Die tatsächliche Umsetzung leistet doch weitgehend die Mutter. Sie ist diejenige, die das selbstverständliche Vertrauen und Zutrauen weitergibt – täglich und ungebrochen.

Das Ausrüsten: Neben Umgangsformen und Körperpflege lehren, Zutrauen fördern, Mut machen, Bildungschancen gewähren, ist sicher das Wichtigste, all das anzuregen, was den Menschen in seinem Gemüt und in seinem Charakter ausmacht. Das ist die beste Ausrüstung fürs Leben: Ein Rüstzeug zu erhalten, damit der (junge) Mensch sein zukünftiges Leben anpacken und – entsprechend seiner Anlagen – gut führen kann.

Für die Tochter ist dies die moderne Form der traditionellen ehemaligen Aussteuer. Eltern unterstützen ihre Tochter in ihren Fähigkeiten, ermöglichen ihr Schulbildung und Berufsausbildung, ohne die Erziehung zu ihrer möglichen biologischen Aufgabe zu vernachlässigen, bilden Geist und Gemüt, damit sie für ihr Leben die besten Möglichkeiten und eine zukünftige und umfassende Ausbildung erhält. Damit sie sich einsetzen, das Leben anpacken und es gern und gut führen kann. Das bedeutet Förderung und Pflege von Körper, Seele und Geist.

Bestimmt ist dies die schwierigste Aufgabe und die größte Herausforderung für Eltern in unserer heutigen Zeit, den Nachwuchs individuell und rollengerecht in die Zukunft der Multimöglichkeiten hineinzuerziehen. Für Eltern bedeutet das, die familiäre Ausrichtung mit zukünftigen Möglichkeiten, zugeschnitten auf Begabung und Interessen des Kindes und der finanziellen Möglichkeiten der Familie möglichst reibungslos zu vereinen. Das heißt, sie müssen analysieren und bedenken, abwägen, Gebräuche und Werte der Vergangenheit in eine zukünftige lebenswerte Linie integrieren und für sich und die Familie klären.

Die Mütter sind es in erster Linie, die Traditionen und Werte weitergeben. Was man darf, was man soll und was man tut, vermittelt die Mutter. Tägliche Herausforderungen sind das oder tägliche Übungen. Fest und entschieden muss die Mutter sein, wenn es um Diskussionen geht: Nachbars Kevin bekommt viel mehr Taschengeld, Anna hat auch schon ein Handy zur freien Verfügung, die Themen ändern sich, aber nicht die hartnäckigen, energieraubenden Diskussionen! Wer führt sie? Doch meistens die Mutter! Phantasievoll und kreativ muss sie in ihren Lösungsvorschlägen sein. Unser Leben ist so gestaltbar und offen. Das ist phantastisch, für den Erzieher aber nicht einfach. Die früher festumrissenen und auch eingegrenzten Lebensformen und sozialen Verhaltensweisen, sie gibt es so nicht mehr. Wie gut, wenn die Mutter genaue Vorstellungen hat, wenn sie weiß, was sie will und wohin sie ihr Kind führen will, was sie vertritt, und wovon sie nicht abweicht. Wie gut, wenn beide – Mutter und Vater – gemeinsam die gleichen festen Vorstellungen haben und sie vertreten. Zur Erziehung müssen beide festen Charakter und Lebensphilosophie entwickelt haben. Und dennoch – täglich gefordert wird in erster Linie die Mutter sein – denn sie ist doch immer noch erste Kontaktperson! Sie muss ihn dann erst einmal aushalten, den Ansturm kindlicher und jugendlicher Energien und Argumente. Also ist die Mutter auch Lebensberaterin, das gehört noch zur Anfangsliste!

Aber machen wir's nicht so dramatisch: aufmerksam und flexibel und liebevoll und lebensklug sollte sie sein, die Mutter, das genügt ja auch schon ...!

Sind Männer die besseren Mütter?

Viele Untersuchungen der letzten Zeit haben eindeutig gezeigt, dass das Kind gerade in den ersten Wochen und Monaten seines Lebens eine Person braucht, die vollkommen auf das Kind eingeht. Und wenn auch Forschungen bestätigen, dass Väter oder Großmütter das ebenso leisten können, ist es doch immer noch in erster Linie eine Mutter, die all das tut – uneigennützig und selbstverständlich: Das Kind ist, auch wenn es noch nicht richtig sehen, hören, verstehen oder sprechen kann, dennoch auf unzählige – und zwar täglich über 200 – Zuwendungen von seiten der Mutter angewiesen, wenn es sich gesund entwickeln soll. Gerade in diesem frühesten Alter sollte eine Mutter deshalb möglichst nicht berufstätig sein. Sie könnte ihrem Kind für das ganze Leben schaden. Kinder, die diese Zuwendung nicht haben und bei denen an die Stelle der Mutter nicht der Vater, die Großmutter oder wenigstens eine gute Erzieherin tritt, behalten oft für immer seelische und geistige Schäden, zum Beispiel Kontaktarmut, Verkümmerung des Gemütes und der Fähigkeit, sich zu freuen, Unterentwicklung des Gewissens und der Bindungsfähigkeit, die für das spätere Leben in Familie, Gemeinschaft und Gesellschaft so wichtig ist, sowie nicht zuletzt auch Beeinträchtigungen der Intelligenz und sogar körperliche Zurückgebliebenheit, je nach dem Grade der Entbehrung. Gerade in den ersten Monaten bedarf das Kind möglichst großer Zuwendung. Die Mutter sollte die Berufstätigkeit zurückstellen, bis das Kind wenigstens zur Schule geht und für einen Teil des Tages versorgt ist.

So ist also die Mutter, wenn sie ihre Aufgabe richtig versteht und bejaht, von dieser neuen Rolle ganz ausgefüllt. Sie hat die eigentliche Last der Erziehung zu tragen, da der Vater ja in über 80 Prozent der Fälle nur am Abend auftaucht und dann selbst müde und schonungsbedürftig ist.

Das Gros der Väter sind immer noch die Ganztags-Berufstätigen außer Haus, vollgepackt mit Arbeitsstress. Diese Väter sehen ein Kind anders als die Mütter. Naturgemäß können sie an der Entwicklung des Kindes erst einmal weniger teilhaben. Eine Mutter bereitet sich neun Monate auf das Kind vor, mit Leib und Seele macht sie sich mit ihm vertraut. Ein Mann wird von der ersten Mitteilung des „süßen Geheimnisses" oft eher erschreckt. Eine Mischung von Vorfreude und Vorsorge, von Hoffen und Zagen ergreift ihn. Ein Vater kann sich die Folgen einer Vaterschaft noch nicht so recht vorstellen.

Nur bei den Fragen: Erziehungsurlaub für den jungen Vater oder Erziehungsarbeit als Hausmann, da scheiden sich die Geister. Sie wollen dies ja oft gerne, aber Väter, die Erziehungsurlaub nehmen, setzen sich nicht nur Rückstufungen in Verdienst und Berufsaufstieg aus, sondern auch einem Lächeln, Gespött oder derben Witzen. Ein ordentlicher Mann tut so was nicht! Das spukt immer noch in den Köpfen!

Noch mehr „Zumutung" scheint ein Leben als Vollzeitvater und Hausmann zu sein. Männliche Beispiele dafür sind eher selten. Zwar sind die Männer, die sich dazu entschieden haben, Väter aus vollem Herzen, aber sie tun sich schwer. Der Vater, der mit seinen zwei Sprösslingen und Buggy, Sandeimer und Sandschaufel auf den Kinderspielplatz schiebt, ist noch immer ein Exot: Die strickenden Mütter stoppen verblüfft ihr Gespräch, sie rücken zur Seite, die Nadeln hören auf zu klappern und der „Muttervater" spürt eine Mauer. Harmlose Gespräche wollen nicht so recht gelingen. So fühlt er sich isoliert und ausgegrenzt. Und das ist nicht nur bei den *anderen* Müttern so, auch im Freundeskreis verliert er plötzlich den Faden und fühlt sich wie von einem anderen Stern.

Dabei entwickeln Väter fast dieselben Qualitäten wie Mütter. Menschliche Qualitäten, nicht die biologischen wie Schwangerschaft, Entbindung, Stillen – natürlich. Für das Kind ist es zunächst nicht so wichtig, von wem es gepflegt wird: Mutter, Vater, Großmutter oder einer fremden Person. Wichtig für seine Förderung und Entwicklung ist die liebevolle, anregende, warmherzige und nährende Zuwendung einer absolut verlässlichen Person, die die Regungen des Babys kennt und mit ihrem vollen Menschsein erwidert.

Sven P., 44: Sven wollte kein Kind. Dann käme er ganz bestimmt zu kurz und alle die gemeinsamen Freizeitaktivitäten: Skifahren und große gemeinsame Motorradtouren müssten aufgegeben werden. Oh nein, danke, sagt er. Jetzt ist Sophia da und er ganz aus dem Häuschen. „Jetzt komme ich zu kurz!" schmollt die Mama ein bisschen und lacht.

Die „neuen Väter" sind oft ganz närrisch mit ihrem Kind. Sie wollen Fläschchen geben und es wickeln und massieren, interessieren sich, wieviel es heute getrunken hat, nerven die junge Mutter bei ihren Überprüfungen und Buchführungen, Bäuerchen ja, wie viele, wie lang geklopft und gerieben, gleich danach oder erst später? Sie kümmern sich um alles, und es entgeht ihnen nichts, mütterlicher als die Mütter?

Manche jungen Single-Frauen planen ein Kind ohne einen Vater. Mit guter unkündbarer Berufstätigkeit und einem entsprechenden Einkommen wollen sie es alleine schaffen. Sie wissen nicht, was sie sich aufladen und sie unterschätzen völlig die Rolle des Mannes als Vater. Das männliche Regulativ wird gebraucht – trotz aller Emanzipationsversuche. Etwas Wesentliches würde fehlen.

Lernen am Beispiel: Wo könnten Kinder leichter männliches und weibliches Verhalten und Wesensart kennen lernen, wenn nicht bei Vater und Mutter. Der tägliche Umgang mit den Eltern übt und schult, ist erste Orientierung und wird zur Grundlage für spätere Begegnungen mit Männern und Frauen.

Der Vater als Stabilisator: Es geht natürlich nicht ohne Rollenverteilung, weder in der Ehe noch in der Erziehung. Und das ist gut so, möchte man sagen. Die Rollenverteilung entsteht aufgrund der unterschiedlichen Eigenarten von Mann und Frau, ihrer Aufgaben innerhalb der Familie, aber auch aufgrund der unterschiedlichen Stellung gegenüber den Kindern. Die Mutter, die jeden Tag und viele Jahre das Leben mit ihnen teilt, kann leicht den Abstand und den Überblick verlieren. Deshalb fällt es ihr oft schwerer, gerecht und konsequent zu sein. Der Vater, der von außen hereinkommt, kann über schwelende Konflikte distanzierter und damit auch objektiver urteilen, jedenfalls dann, wenn er sich umfassend informiert hat. So trägt er in der Erziehung oft zu Gerechtigkeit und damit zu Stetigkeit bei, während die Erziehung der Mutter allzu oft den Gefühlen und damit Schwankungen unterliegt. So sehr die Kinder Gefühle, Liebeszuwendungen, Nähe und Intimität brauchen, so sehr brauchen sie doch auch Stetigkeit, Objektivität und Sachlichkeit. Es gibt Eltern, die diese Qualitäten beherrschen und je nach Bedarf mischen können.

Der Vater als der beste (Spiel)Kamerad: Untersuchungen haben ergeben, dass Männer kreativer mit ihren Kindern spielen als die Mütter. Gewiss spielen sie anders als Mütter, ihre Spiel-Ideen sind vielleicht kühner, raumgreifender, fordernder – natürlich auch rarer und nicht so alltäglich. Für Jungen sind spielende Väter, Väter, die Zeit haben, die diskutieren, an denen man sich messen, mit denen man Wettbewerbe austragen kann, wie die Luft zum Atmen.

Mädchen erleben im Vater den ersten Mann, ein – wie man weiß – lebensprägendes Ereignis. Alle Begegnungen mit nachfolgenden Männern, Lehrern, Chefs, Freunden und Geliebten werden unterbewusst gemessen an der ersten guten oder schlechten Erfahrung mit dem eigenen Vater. Ob man den Vater kokett überlisten, sich bei ihm einschmeicheln, also mit weiblichen Verführungskünsten bei ihm landen kann, oder ihm eher mit Selbständigkeit und Leistung imponiert, sind grundlegende Verhaltensmuster.

Der Schmusevater: Vielleicht ist das die schönste Errungenschaft der modernen Väter: Väter können mit ihren Kindern schmusen, sie streicheln, auf den Schoß nehmen und mit ihnen zärtlich sein. Das ist noch viel schöner als mit Mama: Einmal ist es seltener, und zum anderen wird ein Vater, der durchaus streng, gerecht und auch fordernd sein kann, auch noch so menschlich anders erlebt!

Nach aller Erfahrung übernimmt man die Modelle der ersten zwischenmenschlichen Beziehungen meist ins spätere Erwachsenenleben und in die Erziehung der eigenen Kinder mit hinein. Die Frage wird also nicht sein, ob Väter die *besseren Mütter* sind oder sein könnten, sondern ob und wie sie es schaffen, richtig gute Väter zu sein!

Mütterliche Lebensphilosophie

Was Kinder lernen sollen, welche Erziehung und Erfahrung sie erleben sollen, entscheiden im besten Falle beide: Vater *und* Mutter. Die Eltern setzen Maßstab und Richtlinien: Was ist ihnen wichtig, das das Kind erfahren und als Rüstzeug für's Leben mitbekommen soll. Sie werden Sitten, Brauchtum, Werte ihrer Erziehung und Vergangenheit lebendig machen, diskutieren und mit den Anforderungen der heutigen Zeit verbinden. Der Zeitgeist wechselt, also müssen sie das Ohr an der Zeit haben, Zukunft abspüren und die Gegenwart leben. Eine anspruchsvolle Aufgabe, individuelle persönliche Ansichten mit gesellschaftlichen Anforderungen an eine Familie und der Erziehung von Kindern zu integrieren.

In diesem komplexen Aufgabenbereich wird neben der Mutterliebe und der Kunst der pädagogischen Vermittlung in erster Linie die Person der Mutter gefordert: ihr Charakter, ihre Stärke, ihre Fähigkeit, Lebensphilosophie umzusetzen.

Was man darf, was man soll und was man tut, also die Vorgabe des sozialen Handelns, das alles ist heute nicht mehr so eindeutig. Unser Leben ist freier, gestaltbarer und offener als zu Zeiten des Zunft- und Standesdenkens der Bauern, Handwerker, Bürger und Adligen. Es bietet fast unendliche Möglichkeiten! Das ist phantastisch, aber auch nicht einfach. Die früher so festumrissenen und streng-begrenzten Lebensformen und sozialen Verhaltensweisen, gibt es *so* nicht mehr. Man kann alles tun heute oder auch nichts. Man geht kaum mehr sonntags zur Kirche, schließt sich aber für eine dreiwöchige, gottsuchende, christliche Meditation auf. Freitags trinkt man feinsten Champagner und genießt Krabben und Lachs, dafür reicht es sonntags nur noch zu sparsamen Bratkartoffeln. Das Leben hat sich in eigengestaltbare Multimöglichkeiten aufgelöst. In unseren Multigesellschaftsschichtungen, dem Megavarieté unserer Welt, scheint alles möglich, was der Geldbeutel erlaubt und vielleicht noch das Gesetzbuch, und was sich unsere Phantasie ausdenkt.

Es ist für die Eltern schwer, hier Verbindlichkeiten zu schaffen und durchzuhalten. Die Eltern und in erster Linie die Mutter als tägliche Instanz – denn meist ist sie immer noch erste Kontaktperson – ist beinahe das letzte Bollwerk, um ihre Kinder in die richtige Richtung zu lenken. Aber was ist schon die richtige Richtung?

Die Erziehung außer Haus, Kindergarten, Schule, Jugendgruppe, kirchliche Organisationen, Sportverein, ist meist von ganz verschiedenen, oft von gegensätzlichen Interessen und Inhalten geprägt. Das gesellschaftliche Umfeld: Hausbewohner, Nachbarn, die Straße, das Viertel haben nicht mehr die einheitlich homogene Struktur der früheren Zeiten. Es ist möglicherweise in Nationalitäten, Gesellschaftsschichten, politischen und religiösen Ausrichtungen gemischt, mit sich selbst beschäftigt, uneinheitlich, anonym und desinteressiert, manchmal sogar feindselig.

Hier ist die Mutter zunächst einmal auf sich allein gestellt und hat die Aufgabe, aus der gemeinsamen Familienphilosophie, die sie sich, Vater und Mutter, entwickelt haben, tägliche Erziehung, tägliche Antworten und tägliches Verhalten zu gestalten. Ihr bleibt die Aufgabe, ein soziales Netz von Gleichgesinnten zu schaffen, eine Gruppe zu finden oder sich aufzubauen, wo möglichst viele ähnlich denken und in Kindererziehung und Lebensphilosophie, in pädagogischen, psychologischen, medizinischen, politischen, auch bioökologischen Auffassungen einen möglichst großen Konsens finden, damit wenigstens hier ein Rahmen und ein Halt gegeben, damit Übereinstimmung entsteht und man sich wiederfindet.

Die Mutter von heute hat es nicht einfach. Die richtige Akzentsetzung bedeutet hohe Verantwortung und im Grunde immer wieder Prüfen, Analysieren, Umgewichten, Kontakte fördern und auch zurückschneiden. Ein Seiltanz oft, ein Spagat, ein Hindernisspringen. Die Mutter mit den Aufgaben einer Zirkuskünstlerin: Seiltänzerin, Dompteuse, Tierpflegerin, Trapezkünstlerin im freien Fall durch die Luft, mit Charme bei allen Darbietungen, mit großer Disziplin, unermüdlichem Einsatz, hohem Mut, Zähnezusammenbeißen bei unermüdlichem Lächeln und einer fast nicht zu begreifenden Liebe zu ihrer Aufgabe. Wer hätte das gedacht!

II Entfremdung und Enttäuschung

Früher oder später – irgendwann einmal trennen sich die Übereinstimmungen zwischen Mutter und Tochter. Die Tochter – und sei sie noch so klein, will anders.

Sie will das Gemüse nicht essen, will weniger oder mehr oder überhaupt nichts essen, sie will diese Strumpfhosen nicht anziehen, lieber ein Kleid tragen als Hosen, lieber Locken und eine Schleife als den praktischen Pferdeschwanz. Das kennen wir alle – die Schmiegsame, die Liebe-Kleine ist dagegen, ist auf ganz ungewohnte Weise widerborstig und schlägt alle Reden, Beschwörungen und wohlmeinenden Überzeugungskünste der Mutter in den Wind. Die harmlosesten Meinungsverschiedenheiten können zum unversöhnlichen Eklat werden.

Die Tochter will nicht so, wie die Mutter will. Die Tochter weigert sich hartnäckig. Sie tut es einfach nicht und – darüber hinaus erfindet sie immer neue Formen der Verweigerung, was die Mutter um so mehr in Rage bringt.

Was lässt sich die kleine Tochter nicht alles einfallen, um zum Beispiel den Spinat nicht essen zu müssen? Sie presst den Mund zu, sie schluckt nicht, sie spuckt im hohen Bogen alles aus oder lässt alles langsam, wie versehentlich, aber genüsslich aus dem Mund fließen, sie dreht den Kopf weg, sie hampelt auf dem Stuhl, sie spuckt der Mutter mitten ins Gesicht, sie weint, sie schüttelt sich, sie erbricht alles, sie schlägt sich den Teller an den Kopf, sie schluchzt, schreit, brüllt oder fällt in eine starke Apathie.

Irgendwann, meist früher, wird der Machtkampf zwischen beiden, Mutter und Tochter, extrem. Die Mutter zwingt mit dem Löffel, den Mund zu öffnen, sie füttert mit Gewalt, sie hält die kleine Tochter fest, sie zwickt sie oder schlägt sie mit irgendeinem verfügbaren

Gegenstand. Aber je mehr sie sich mit Macht gegen die Abwehraktionen ihrer Tochter durchsetzen will, desto mehr an wutsteigernden Einfällen hat die Tochter. Bis die Mutter sie schließlich packt und verdrischt oder ins Bettchen packt, ihr Schreien mit dem Kissen zu ersticken sucht, sie an den Haaren zerrt, sie anbindet, das Zimmer abdunkelt oder das kleine Mädchen nackt in der Ecke stehen lässt.

„Nie so wie meine Mutter!“

„Nie so wie meine Mutter!“ oder „ganz bestimmt werde ich später alles ganz anders machen (leben, denken, sein)!“ sind die erbitterten, heiß in die Kissen geweinten, zähneknirschenden, wütenden Schwüre in einem Tochterleben. Viele Töchter erinnern sich an eine innere, ohnmächtige, alles sprengende Wut auf ihre Mutter. Und viele entwickeln in Kindheit und Pubertät „versteckte Ausbrüche“. Sie gehen Hand in Hand mit Rachephantasien, unterdrückten, aber heftigen Aggressionsgelüsten: Sie malen sich aus, wie sie sich wehren, was sie der Mutter antun werden, und – sie wünschen ihr sogar den Tod. Im selben Moment fühlen sie sich elend, beschämt und voller Schuld. Oder sie waren ganz beherrscht von der Vorstellung, dass sie das Kind d i e s e r Mutter nicht sein können – ja, überhaupt, dass diese Eltern niemals die eigentlichen und richtigen Eltern sind.

Je nach Grad der Unverstandenheit und Verletzung „erfinden” Mädchen zum Trost innere Bilder, Fluchtwege aus den Verletzungen und aus der bedrohlichen mütterlichen Welt.

Ich kann mich noch gut an meine versteckten Träume erinnern. Wenn ich lange vor meinem kalten Essen saß, das ich unbedingt aufessen sollte, und alles langsam um mich dunkel wurde – ich weiß nicht, ob ich so lange sitzen musste oder sich nur die Dunkel-

heit in mir so entwickelte – dann träumte ich in meinen kalten Teller, ich sei eine Grafentochter, eine besondere Prinzessin, die ohne Mühe leicht auf einem Pferd in ferne ferne Weiten fliegen könnte, vielleicht war das Pferd auch ein Vogel? Auf diesem Vogelpferd flog ich in eine andere Welt voll hellen Lichts, voller Freundlichkeit und Anerkennung. Dort liebte man mich, und es gab eine Traumfreiheit, die ich heute noch als unvorstellbar erleben kann. Meine „Freude", dass ich ja nun für meine Mutter weit fort, nie wieder da und verloren bin und sie um mich nun trauern muss, war eine kurze und kleine Freude; viel eindrucksvoller und großartiger erschien mir die Welt der phantastischen anderen Möglichkeiten und die Entrückung aus dem Irdischen.

Die Gegenwehr der Tochter ist vehement und ungezügelt. Die Tochter in der Pubertät entwickelt ungehemmte, ja sogar zerstörerische Kräfte. Die Gegenwehr können heftige Anklagen sein, kräfteraubende zerfetzende Diskussionen, ein zernichtender Hass mischt sich in eine animalische Auflehnung. Oder die Mädchen reißen aus als letzte Rettung und letzter Hilfeschrei.

Elisabeth S., 48: Wenn ich meiner Tochter im Haus begegne – und ich vermeide das, wo ich nur kann – erschrecke ich vor ihrem Blick. Er ist eiskalt, tödlich. Sie sieht mich an als wäre ich Luft oder Abschaum. Sage ich etwas – und ich wäge schon jedes Wort und halte mich zurück – zieht sie die Luft durch die Nase und schnaubt, weil das, was ich sage, schon mal wieder das Allerletzte ist, dumm, veraltet, engstirnig, weil ich's mal wieder nicht raffe ... Wir haben eine Stimmung im Haus wie im Grab und ich fürchte mich schon. Ich bin so weit, dass ich sage, entweder sie geht oder ich! Ich halte das nicht mehr aus.

Waltraud W., 59: Meine Kinder sind schon erwachsen und berufstätig. An Weihnachten kommen sie gerne nach Hause und ich freue mich immer wieder und von Herzen. ‚Diesmal', sage ich mir,

‚wird's bestimmt einmal schön werden!' Aber das friedliche Weihnachtsfest endet bei uns wieder in Tränen: Jedes Mal landen wir bei Aufarbeitungsgesprächen. Vor allem unsere Tochter erinnert uns an Situationen, die wir längst vergessen haben, sie kocht alles hoch, führt uns vor, wie sie als Kinder unter mir gelitten haben und was ich alles falsch gemacht und versäumt habe. Wir sind betroffen bis wehrlos und fallen immer in dieselbe Falle – schutzlos preisgegeben. Denn wir haben es doch gut gemeint und sind zu Tode erschrocken, was uns da alles aufgetischt wird.

Es gibt wohl so etwas wie einen „Biorhythmus und Persönlichkeitsrhythmus" der Identifikation einer Tochter mit ihrer Mutter: eine Art Wellenbewegung von Übereinstimmung und Entfremdung, Annäherung, Übereinstimmung und wieder Entfremdung. Die Phasen der Übereinstimmung sind Angleichungen an die Mutter, an ihre Gedanken und Meinungen. Verhalten kann unisono werden und sogar Körperbewegungen, Gesten, Mimik und Lachen können identisch sein. Die Tochter sucht Bestätigung in einem *Leben, gerade so wie die Mutter.* Dagegen gibt es Phasen der massiven Ablehnung, Phasen der kontrastreichen Antihaltung unter der Vorgabe: *Auf keinen Fall und gerade nicht so leben wie die Mutter.*

Die beruhigten Phasen der fast deckungsgleichen Übereinstimmung zwischen Mutter und Tochter könnten dann diese sein:

- die frühen Mädchenjahre bis zum ersten Lebensjahrzehnt
- die Schwangerschaft(en) der Tochter oder die ersten Ehejahre
- die Jahre um vierzig
- die frühen Seniorenjahre

In diesen Zeiten orientiert sich die Tochter bewusst oder unbewusst an der Erfahrung, an dem Wissen, am Vorsprung der mütterlichen Lebensbewältigung.

Phasen der Antihaltung bzw. Absetzung gegen die Mutter können sein:

- die Jahre der Pubertät
- die Berufsfindungsjahre
- die frühen Erwachsenenjahre
- die Erziehungsjahre der Kinder der Tochter
- Wechseljahre
- Witwenschaft

Phasen der Abgrenzung im töchterlichen Lebenslauf müssen sein. Zur Selbstfindung ist es zwingend notwendig, sich von der Mutter abzugrenzen und ihr „Vorbild" nicht zu suchen. Diese Zeiten der „natürlichen" Entfremdung sind die Chance zu sich selbst, zu einem kritischen Umgang mit sich selbst. In diesen Phasen stellt sich die Frage: Wenn ich nicht meine Mutter bin, wer bin ich dann? Und wenn ich nicht wie meine Mutter sein will, wer kann ich dann sein?

Oft werden diese Fragen aber versäumt, sie scheinen nicht wichtig, das Leben läuft auch so. Die Stimmung ist gut. Die Auseinandersetzung findet nicht statt. Die Mutter-Tochter-Beziehung geht nicht auf Konfrontation. Probleme werden weichgespült, geglättet, damit oft unterdrückt. Oder sie kommen von vornherein nicht auf, weil sie nicht sein dürfen. Das ist eine versäumte Chance zur Selbstfindung von beiden, von Mutter und Tochter. Hier wurde die Beziehung nicht in Frage gestellt, Entwicklung nicht bewusst gemacht und damit Charakter und Charakterprofil nicht geschärft.

Laura M., 47, beschreibt das so: Ich stelle fest, dass ich in manchen Dingen genau so reagiere wie meine Mutter. Schneller als mir lieb ist, fast reflexhaft entwischen mir dieselben Sätze, die meine Mutter schon zu mir gesagt hat. Meine Tochter ist in letzter Zeit so bockig und schwierig, richtig unverschämt. Und nun äußere ich in meiner äußersten Not richtig dumme, aggressive und unlogische Sätze. Und das Schlimmste, es sind genau die Sätze, die meine Mutter schon zu mir gesagt hat, die ich damals schon so lächerlich und verachtenswert fand, wofür ich sie gehasst habe. Jetzt versuche ich, mit denselben (unmöglichen) Argumenten meine Tochter „in den Stiefel zu bringen". Ich schäme mich so. Meine Tochter reagiert anders als ich. Sie wehrt sich nicht wie ich damals, sie lässt mich einfach kalt ablaufen. Dann stehe ich da: ohnmächtig, wütend. Dabei wird mir der Unterschied klar. Ich fühle mich so hilflos und abgeschmettert.

Anke P., 52: Ich finde mich plötzlich bei Bewegungen, die ich von meiner Mutter kenne. Ich drehe die Haare zwischen den Fingern, wie es meine Mutter getan hat. Ich seufze unvermittelt. Das ist nicht weiter tragisch, doch wird mir klar, ich entwickle mich zu meiner Mutter. Ist das ein Gewinn, ein Nachteil? Warum geschieht mir das?

Ich finde mich dabei, wie ich den Küchenboden mit einem kleinen Lappen wische, im Ausgehkostüm, unten im Auto wartet mein Mann, er hupt manchmal schon, ich habe den Lappen in der Hand und denke: ‚Du hast sie wohl nicht alle!' Und sehe plötzlich meine Mutter vor mir, die das genauso getan hat. Damals habe ich sie abgelehnt und verachtet und gedacht: Nie, nie werde ich so wie meine Mutter ...

Oft erst viel später kommen wir an den Punkt und denken wir über unsere eigene Mutter-Tochter-Beziehung nach. Dann vielleicht, wenn die eigenen Kinder eigenwillig, kritisch und erwachsen werden. Sie beobachten uns und stellen uns in Frage. Sie fragen nach: Wie die Beziehung zu unserer Mutter war, wie und mit welchem Erfolg wir uns gewehrt haben, was wir gelernt haben, was wir eigenständig entwickelt haben. Sie fragen unbequem und hartnäckig. Oft muss man passen und weiß nichts zu antworten. Die Zeiten unserer Pubertät waren nicht so heftig, wir waren ganz brav, ziemlich angepasst ...

Die Auseinandersetzung mit der Mutter taucht unter Umständen in späteren Jahren wieder auf. In schwierigen Ehejahren möglicherweise. Beim Tod des Vaters. Oder vielleicht in den Wechseljahren, in einer schwierigen Umbruchphase, wenn so etwas wie eine Lebensbilanz gezogen und Neuorientierung verlangt wird. Wenn wir nach der Kinderphase wieder „allein" sind, erleben wir uns mit vielleicht mit denselben Ängsten und Depressionen wie unsere Mutter. Und finden uns in ebendemselben Bewältigungsmuster, das uns schon unsere Mutter vorgelebt hat. Ein Schrecken macht sich breit.

Oder wir wiederholen in unserer Witwenschaft dieselbe lähmende Trauer, das Weltentsagen, die Jammergeschichten, als hörten wir unsere Mutter. Denn eigene Selbständigkeit, Zufriedenheit, ja sogar Fröhlichkeit und Lebensgenuss zu entwickeln, ein anderes Lebensgefühl zu leben als das traurige und lähmend-gelähmte der Mutter haben wir nicht gelernt. Das käme uns fast als Verrat vor, als eine nachträgliche Respektlosigkeit oder gewisse Hochmütigkeit gegenüber den Schmerzen der Mutter. Darf es mir so gut gehen, wo sie doch so sehr leiden musste?

Immer wieder stoßen wir in unserer Lebensgeschichte auf das „Vorbild Mutter" und auf Möglichkeiten zur Auseinandersetzung mit der Mutter.

Der Fragebogen: Ertappen Sie sich, dass Sie sich verhalten wie Ihre Mutter? Was löst das in Ihnen aus?

Die Fragebogenauswertung bringt ein gemischtes Bild: Ungefähr die Hälfte der Antworten sagt aus, dass diese Töchter mit einem ähnlichen Verhalten wie die Mutter in Stadien von Verzweiflung, Selbstaggression, Bezichtigungen bis Ohnmacht, Wut, Scham und

Resignation geraten. Die andere Hälfte zeigt sich gleichgültig bis stolz darauf, selbstbestätigt. Euphorisch ist keine.

Diese Aussagen beruhen sicher auf einem immer noch speziellen Verhältnis zur Mutter, ob man sie letztendlich befürwortet oder ablehnt und auch sicher danach, wie erwachsen und frei sich der Umgang zwischen beiden gestalten kann.

Hier einige Originalantworten zu der Frage zu: *Was löst das in Ihnen aus?:*

Ich habe mich in meinem Leben bemüht, nicht so zu werden wie meine Mutter, meinen Kinder zu helfen und ihnen eine „gute Freundin" zu sein oder *Verwunderung* oder *dass man in „jungen Jahren" zwar oft anders denkt und sich verhält, doch ab einem gewissen Alter holt einen die Erziehung und Genbestimmung ein ...* oder *ich will nicht sein so wie ... (meine Mutter)* oder *wenn mir die Dinge oder Handlungen bewusst werden, versuche ich mich zu ändern* oder *Aggression* oder *es wurmt mich, manchmal so zu sein, wie sie* oder *ich arbeite an mir, wenn es Sichtweisen (z.B. Neigung zuerst das Schlechte zu sehen) sind, die mich stören* oder *allerdings erst mit zunehmendem Alter erkannt!* oder *je nach Situation sind die Reaktionen ganz unterschiedlich, meistens muss ich lächeln, schmunzeln, dann kann ich aber auch über mein identisches Verhalten in Wut geraten, das gibt dann den Anlass, die Beziehung zu hinterfragen* oder *eher bin ich erschrocken, eher Abwehr, ich will das nicht wahrhaben* oder *Ärger, dass ich nicht weiter bin!* oder *ich arbeite gern und viel, da wirft mir mein Mann ein zu zwanghaftes Arbeitsethos vor = wie deine Mutter, bei der zählte auch, wenn einer viel tat* oder *ich bin nicht wie meine Mutter!*

Wer gewinnt den Zweikampf?

Die Tochter hat wie alle Kinder eine einfallsreiche unermüdliche Variationsbreite, um Widerstand zu leisten. Es kommt darauf an, wie letztendlich die Mutter reagiert und aus welchen Motiven sie erzieht.

Was will die Mutter? Kann sie souverän auf die Wünsche ihrer Tochter eingehen, kann sie Kompromisse entwickeln, lässt sie die Tochter in ihren persönlichen Wünschen gelten? Oder steht hinter dem „Mutter meint es doch gut mit dir und will dein Bestes“ etwas ganz anderes: der persönliche Ehrgeiz, eine emotionale Dichte und die Macht, die Tochter nach eigenen Wünschen zu modellieren?

Annette Z., 27: Annette, eine ernsthafte und ehrgeizige junge Mutter, die sich viele Gedanken um gleichberechtigte Erziehung macht, möchte ihre Tochter früh fördern. Unter Frühförderung schwebt ihr vor, dass Simone, ihre kleine Tochter, nicht nur mit ihren Freundinnen im Puppenhaus spielt, sondern im Kindergarten drüben mit den Jungen mit Bausteinen baut und Fischer-Technik. „Aber Frau K.“, wendet die Kindergärtnerin ein, „Simone will nicht mit den Jungen spielen, sie will viel lieber mit ihren Freundinnen in der Puppenküche zusammen sein!“ Aber Annette drängt hartnäckig darauf, dass Simone mit den Jungen zusammenspielt. Wozu sind schließlich Kindergärtnerinnen da! Sie versucht eine emanzipierte Erziehung – auch zuhause. Und hat allmählich eine unglückliche kleine Tochter. Und mehr noch: eine irritierte Tochter, eine die aufmerksam gemacht ist für die Wünsche der Mutter. Die eigenen Wünsche lernt die kleine Tochter zurückzustellen, zu vergessen. Sie passt sich an, wenn nur Mama mit ihr zufrieden ist!

Und noch etwas, Simones ein Jahr jüngerer Bruder wird auf keinen Fall dazu „verdonnert“, Mädchenspiele in der Puppenküche oder im Puppenhaus zu spielen. So verschieden kann gutgemeinte Erziehung sein!

Betrachtet die Mutter ihr Kind und auch besonders die Tochter als Leihgabe wie Khalil Gibran formuliert?

> Eure Kinder sind nicht Eure Kinder.
> Sie sind Söhne und Töchter der Sehnsucht des Lebens
> nach sich selber.
> Sie kommen durch euch, aber nicht von euch,
> Und obwohl sie mit euch sind, gehören sie euch doch nicht.
> Ihr dürft ihnen Liebe geben, aber nicht eure Gedanken,
> Denn sie haben ihre eigenen Gedanken.

Oder betrachtet sie sie als ihren ganz persönlichen, verfügbaren Besitz? Die Mutter könnte in persönliche Zweifel kommen und sich prüfen müssen. Aber vermutlich wird es so weit gar nicht kommen. Sie wird vielleicht die Tochter mit Versprechungen locken, ihr schmackhaft machen und sagen, indem sie nur ein bisschen manipuliert: Wenn du ein liebes Mädchen bist, dann ... Oder sie wird vielleicht ein Register an Drohungen und Einschränkungen dazu ansetzen, die Tochter gefügig zu machen. Sie wird argumentieren und handeln. Und sie wird vielleicht auch vor dem schlimmsten nicht zurückschrecken: Mutter hat sie, wenn sie sich *so* verhält, nicht mehr lieb! Dann spricht die Mutter einfach eine Zeitlang nicht mehr mit der Tochter und alle die ängstlichen Bemühungen der Tochter um Frieden und Wieder-Gut-Sein beachtet sie einfach nicht. Sie sieht sie einfach nicht mehr! Sie lässt die kleine Tochter mit ihrer Angst allein. Das wird das kleine Mädchen auf Dauer nicht aushalten können, sie wird sich fügen, sie wird mit allen Mitteln versuchen, die Wünsche der Mutter abzuspüren, es ihr recht zu machen und sie wird ihre eigenen Wünsche und Gedanken zurückstellen und ihre ganze Aufmerksamkeit nach der Mutter ausrichten. Zu guter (?) Letzt sind die Wünsche der Mutter mit den Tochterwünschen vermischt und als Vorstellungswelt in die Seele der Tochter gedrückt. Oder anders gesagt: Die Tochter übernimmt die Werte, die Ausrichtungen der Mutter bis sie sie in sich verinnerlicht hat. Das ist besonders in unserer modernen Welt leicht möglich, denn unser Erziehungsziel ist eine größtmögliche Förderung des Kindes, was dann im Grunde zur größtmöglichen Anpassung an das System unserer Gesellschaft wird. Um hier zu bestehen und den Ansprüchen gerecht zu werden, muss das Kind leistungsfähig, marktgerecht, wettbewerbsfähig, ausdauernd und willig gemacht werden, kurz: früh systemangepasst erzogen werden.

Die nicht erwerbstätige Frau und Mutter konzentriert ihre Mutterliebe auf ein oder zwei Kinder (nach der Statistik auf 1,2 Kind!) in einem überschaubaren und pflegeleichten Kleinhaushalt. Der erzieherische Anspruch wächst unermesslich. Der Erfolg oder Misserfolg des Kindes wird zum eigenen Erfolg oder Misserfolg. Die Kinderkarriere beweist der Mutter bzw. den Eltern, dass die Mischung aus Ernährung, Zielausrichtung und Betreuung richtig ist. Die Mutter wird zum Coach – und besonders der Tochter. Sie ist leichter führbar und verführbar. Die Tochter ist auf Gefolgschaft angelegt, während dem Sohn ein viel freierer und eigenständigerer Weg zugestanden und sogar abverlangt wird.

Die mütterlichen Regierungs- und Reglementierungsmechanismen sind früh und unendlich fein angelegt. Zur „Korrektur" der Tochter genügen später die nur leicht angedeuteten Zeichen: Eingespielte mütterliche Signale lassen die Tochter wissen: Vorsicht, mein Mädchen! Tu besser, was ich will!

Anstelle der Kinderschar der früheren Familien und der menschlichen Vielfalt an Charakteren und Möglichkeiten haben wir heute ein oder zwei „Erziehungsglanzstücke". Geld, Zeit, Bildung und Hoffnung werden heute auch in die Mädchen investiert. Der für alle ablesbare und vorzeigbare Erfolg des Kindes ist der Wertindikator in Familien. Je kleiner sie sind, desto größer werden die Erwartungen aufeinander: Der Anspruch aufeinander: Die eine Seite fördert und steckt in das Kind hinein, die andere Seite erfüllt, dabei kommt etwas heraus. Anspruch und Leistung aufeinander, ein Kapitalisieren, leider – der marktwirtschaftliche Gedanke macht auch vor dem Kinderzimmer nicht halt.

Trennung von Mutter und Tochter

Irgendwann einmal trennen sich die Möglichkeiten der Tochter von denen der Mutter. Die Freiheit der Tochter ist nicht die Freiheit der Mutter. Die Tochter hat andere Lebensmöglichkeiten, andere Freiheiten. Die Lebensgestaltung der Tochter trifft auf die Wünsche und Vorstellungen, auf das innere Bild der Mutter. Lebt die Tochter nun nach dem inneren Bild der Mutter oder nicht? Ob das Mutter-Tochter-Verhältnis gut sein wird, hängt oft davon ab, ob die Tochter dieses innere Bild der Mutter bestätigt:

1. Die Mutter will ihre Tochter zu einem glücklichen Menschen erziehen, zu der Frau, zu der sie sich ihren Anlagen gemäß entwickeln kann und möchte.
2. Die Mutter will ihre Tochter fürs Leben stark und durchsetzungsfähig machen, nicht anders als einen Mann. Oder: Die Mutter delegiert an die Tochter eine männliche Lebensform.
3. Die Tochter soll die „bessere Frau“ werden. Sie soll in ihrem Leben mehr erreichen als die Mutter, soll tüchtiger, erfolgreicher, weiblicher werden. Oder: die Mutter delegiert an die Tochter eine weibliche Lebensform.
4. Die Tochter soll auf keinen Fall mehr erreichen als die Mutter. Sie darf die Mutter nicht überflügeln, noch ihre herausragende Stellung angreifen. Oder: Die Mutter hält die Tochter in graduell verschiedenen Abhängigkeiten.

Der erste Punkt ist die ideale Muttererziehung. Vermutlich gibt es sie nicht so häufig.

Allen vier Ausrichtungen liegt ein Bild zugrunde, das Bild, nach dem die Mutter ihre Tochter formen möchte. An der Bewusstheit dieses Bildes, daran, wie hartnäckig es sich in den Vorstellungen der Mutter hält und wie groß der Anspruch auf Erfüllung und Verwirklichung ist, wie sehr die Mutter die Durchsetzung ihres Bildes verfolgt und wie sehr die Tochter dieses Bild annimmt und verinnerlicht oder sich verweigert und wehrt, wird der oft lebenslange Prozess der Entwicklung eines Mutter-Tochter-Verhältnisses sein.

Verena U., 38: Ich liege im Clinch mit meiner Mutter: Dabei dachte ich, wir hätten nun alles bereinigt. Meine Mutter mäkelt neuerdings an meinem Leben herum. Sie findet, ich sollte jetzt heiraten und solide werden. Ich habe den Eindruck, sie neidet mir mein Leben: Ich habe eine gute Ausbildung und mache so etwas wie Karriere, daraus ergibt sich natürlich ein anderes Lebensumfeld, ein anderer Themenkreis, eine andere Selbständigkeit. Sie bewundert mich, was ich alles kann, wie vertraut und geschickt ich mit der „Technik des Lebens" umgehe: Bedienung des PC, Steuererklärungen, Börsenaktivitäten. Das hätte sie nie so gekonnt. Und wie ich mit Männern und mit meinem Liebesleben umgehe. Sie seufzt dabei und klagt, dass ich Lebensmöglichkeiten hätte, die sie nie hätte gewagt auch nur zu träumen, an sie nie nie nie gedacht hätte. Sie hört manches zum erstenmal, sie vergleicht, registriert die Unterschiede. Vielleicht mit Wehmut und Trauer um die eigenen verlorenen Möglichkeiten. Sie beneidet mich offensichtlich, es entsteht sogar etwas wie Eifersucht und Hass auf meine Freiheiten!"

Der Freiraum der töchterlichen Lebensgestaltung in unserer Zeit ist groß, zumindest ist es ein anderer. Der Mutter mit ihrer anderen Biographie wird er verschlossen bleiben. Das trifft Mütter. Sie sind

Frauen jenseits der Jugend. Es trifft sie möglicherweise hart. Hart deshalb, weil diese Lebensmöglichkeiten unabänderlich vorbei sind. Nun liegt es an der älteren Frau, die diese Mutter ist, eine gute Antwort für sich zu finden auf den so anderen Lebensweg der Tochter. Wie reagiert sie? Versucht sie die Tochter zu ändern? Will sie die Tochter, soweit es möglich ist, kopieren? Zieht sie sich in vielleicht rigide Moralvorstellungen zurück, die beginnen: „Zu meiner Zeit war das alles so und so ... ganz anders ... (besser natürlich!)?“ Verharrt sie in Wehmut und Selbstmitleid darüber, was ihr alles entgangen ist? Fühlt sie sich veraltet, an den Rand gestellt und zurückgeblieben? Scheinbar lebt sie in einer falschen Welt? Wie leicht lässt sie sich irritieren? Und wie sehr verharrt sie in der Vorstellung von ihrer Tochter, die so sein sollte, so wie sie? Ihr Ebenbild, ihre liebste Gesprächspartnerin, ihr symbiotisches anderes Ich, das sie jetzt verloren glaubt! Und darüber, über dem vermeintlichen Verlust, kann sie die Möglichkeiten zur eigenen Freiheit nicht erkennen?

III Der Tochtertraum: Die Wunschmutter

Im Grunde genommen haben wir kein zuverlässiges Mutterbild zur Orientierung. Die Frauen und Mutterfiguren, die uns zuallererst einfallen und auf die wir zurückgreifen, sind Eva, die biblische Stammmutter und Maria, die Mutter Jesu. Eva als Stammmutter löst zwiespältige Reaktionen aus, einmal ist sie aus Adams Rippe gemacht: *Ich will dir eine Menschin machen!* Demnach scheint sie eher eine Notlösung, ein Duplikat. Sie ist verführbar – nach der biblischen Geschichte – und veranlasst nach der Bibel die erste schwere Sünde: die Vertreibung aus dem Paradies. Sie wird nicht leicht zum Vorbild, eher als Negativbeispiel: So sollst du nicht sein oder hüte dich vor Frauen wie Eva ... Maria in der Bibel, als Mutter Jesu beschrieben, bleibt eine blasse Figur. Ja, in dem Satz Weib, was habe ich mir zu schaffen? weht uns eine Kälte an, die betroffen machen könnte.

Und Märchen erzählen im besten Fall von dem guten, armen, sauberen (alten) Mütterlein oder negativ betrachtet von der bösen faulen, putz- und rachsüchtigen Stiefmutter oder der Hexe. In der Edda und in den germanischen Epen brausen gewaltige geharnischte blondgezopfte Weiber und ihre Töchter. Brunhild in der Nibelungensage scheint kinderlos, Kriemhild, ihre zarte mädchenhafte Gegenspielerin, ist zwar Mutter eines Söhnchens, das sie aber im rachsüchtigen Mord und Totschlag der Burgunder ohne mit der Wimper zu zucken opfert.

Die Legenden unserer Heiligen erzählen eher von zarten, zwar klugen und gebildeten, aber demütigen Frauengestalten, mit Rosen im Körbchen und kontemplativen Beschäftigungen. Will man sich an kräftigen aussagekräftigen Frauengestalten orientieren, hält man sich dann an Goethes Gretchen oder Schillers Hausfrau? Nein, besser an Brecht'sche Figuren wie *Mutter Courage oder Die unwürdige Greisin*. Und eine schräge Ausrichtung bekam das Frauen- und vor allen Dingen das Mutterbild im Dritten Reich. Hier wurde die Mutter zum Volksgut, ausgezeichnet durch Mutterkreuz und Muttertag. Die Frau wurde in eine unerträgliche Richtung manipuliert und benutzt, als die saubere, kräftige, rassisch reine arische Erbanlagenweiterreicherin. Man wird in unserem Kulturkreis die Gestalt der archetypischen Frau wohl weiterhin vermissen. Man findet sie in anderen Kulturen: Die Frau und Mutter als eine kräftige, in sich ruhende Erdfrau, ein bereiter und warmer Mutterkörper, eine Gaia, mit Lust zu gebären, zu nähren und zu versorgen.

Die Motivationsmutter

Sie ist diese warmherzige, lebendige, offene und engagierte Frau, die man lieben muss. Wenn alles zusammenbricht, die ganze Welt sich gegen die Tochter verschworen hat. Mit der Freundin, dem Freund, in der Schule, in der Ausbildung nichts mehr stimmt: Da ist sie doch die Trösterin mit ihren offenen Armen. Wie liebevoll sie streichelt und beschwichtigt!

Viele Mädchen erleben ihre Mutter als sehr positiv. Sie anerkennen und bewundern, was sie tut und was sie kann. Sie stimmen mit ihrer Mutter überein. Die Übereinstimmung ist die Übereinstimmung eines Gefühls. Sie sind sich verbunden. Diese emotionale Nähe erleichtert die Identifikation und macht füreinander offen.

Die Mutter als Vorbild erzieht mit leichter Hand. Die Freiheit der Tochter ist der Mutter selbstverständlich. Sie verhalten sich beide frei. Die Positionen sind geklärt, jede hat ihre eigene Persönlichkeit und kann diese Persönlichkeit leben: Jede ist selbstbewusst und autark: Die Mutter neidet nicht, verwöhnt nicht und wird von der Tochter nicht benützt. Es gibt Gespräche und Aussprachen, aber keine Vorwürfe. Sie unternehmen manches gemeinsam, aber sind nicht verklettet.

Ob berufstätig oder Familienfrau, ehrenamtlich engagiert oder nicht, die Mutter ist kontaktfreudig, lebendig, zugewandt und engagiert. Es liegt daran, wie eigenständig die Frau als Mutter leben kann, wie sehr sie sich in ihrer Rolle und auch in ihrer Haut wohl fühlt. Ja, in ihrer Partnerschaft ist sie gleichberechtigt und wertgeschätzt. Sie anerkennt sich, und andere anerkennen sie. Sie interessiert sich – neben Haushalt und Familie – auch für andere Lebensbereiche. Umdenken und Beweglichkeit sind für sie nicht fremd. Sie engagiert sich außerhalb und sieht ihren Rahmen, ihre Lebenswelt als eine Möglichkeit, aber vielleicht nicht unbedingt als den letzten Weisheitsschluss. Diese Offenheit ihrer Umwelt gegenüber, eine Kontaktfreudigkeit und Lebendigkeit, ermöglichen einen großzügigeren und freieren, weil gelasseneren Umgang mit der Welt. Und ermöglicht auch eine freiere gelassenere Erziehung der Tochter.

Die innere Einstellung der Mutter ist es, die die Freiheit der Tochter erlaubt oder verbietet. Wie sehr ist die Mutter daran interessiert, die Tochter zu fördern? Wie viel Mut macht sie ihr? Wie viel Mut hat sie schließlich selbst?

Die Mutter ist die erste und die ausschlaggebende Figur im Erleben des Mädchens. Die Mutter ist diejenige, die ermöglicht, ermuntert und ermutigt.

Phantasie, Ideenreichtum, Mut, Neugier, Unerschrockenheit werden von der Mutter initiiert. Aber auch die Rückkopplung: Möglichkeiten abschätzen, Gefahren einschätzen, Durchhaltevermögen, Disziplin und Selbstkontrolle – alles Qualitäten der Selbstverantwortlichkeit.

Die von innen heraus motivierte Mutter ist die Frauenpersönlichkeit, die tut, weil es ihr Spaß macht. Sie handelt in erster Linie aus Freude – auch wenn es natürlich gelegentlich ungeliebte Pflichten gibt. Doch sie tut sie und konzentriert sich dabei auf das, was ihr in ihrem Leben als angenehm erscheint. Sie schafft sich relativ viel Freiheit in ihrem Rahmen und ist eine, die das Hausfrauendasein als einen bunten Strauß an Lebensmöglichkeiten begreift. Das strahlt sie aus. Und merkwürdigerweise? hat sie keine oder nur wenig Probleme von Geben und Nehmen: Sie tut für die anderen: Sie dient, pflegt, begünstigt, fördert, weil sie das so will. Sie kann sich aber auch ihren Teil selbstverständlich nehmen. Sie kann bejahen oder verneinen.

Ich nenne diese Mutter die Motivationsmutter. Die Motivationsmutter ist eine in sich ruhende, anregende und weitherzige Frau. Sie braucht weder Knalleffekte noch Sich-Verkriechen. Sie ist klug und reflektiert, unterwirft sich aber nicht frischen Markt-Moden von Erziehung, Ernährung usw. Als eigenständige Persönlichkeit lässt sie Freiheit zu.

Ihre Tochter ist ein optimistisches Mädchen. Deren Lebenswelt scheint gut eingerichtet. Die Tochter erlebt ein breites und sattes Fundament von Bestätigung und Vertrauen. Sie darf Wünsche äußern, Ziele vertreten, Ideen haben, Phantasien entwickeln, Argumente vorbringen. Sie darf sich einsetzen und bemühen; die Mutter wird sie ermutigen, unterstützen, ihre Ideen umzusetzen, allenfalls im Gespräch lenken oder korrigieren. Sie wird Erfolge bestärken und Misserfolge in Erfahrungen umwandeln. Die Tochter kann Lebensperspektiven eigen entwickeln, Freundschaften zu Jungen und Mädchen eingehen, sich in Schule oder Verein engagieren, darf aktiv werden, auch wenn vielleicht die Mutter den Sinn der Aktion nicht so ganz sieht – die Tochter wird mit Wohlwollen und Aufmerksamkeit begleitet.

Mit einer Mutter als Vorbild – einer warmherzigen, lebendigen, offenen und zugewandten Frau – braucht Tochterführung wenig Vorschriften. Vieles reguliert sich in dieser Mutter-Tochter-Beziehung wie von selbst. Natürlich ist die Mutter die erste Erfahrene im

Geben und Versorgen. Aber der Vorschuss der Mutter an Biographie kehrt sich in einer gelungenen Mutter-Tochter-Beziehung um. Die kleine Tochter bringt der müden Mutter eine Tasse Tee – die große Tochter reagiert voller Begeisterung auf die Aktivitäten der Mutter. Der gegenseitige Prozess von Anerkennung ist spürbar. Ein Austausch ist möglich – eine gewisse Gleichwertigkeit zeichnet sich ab. Die Rollen sind nur bedingt festgeschrieben. Man ist füreinander da – in Zuneigung, auch in Kritik, aber diese in einer liebevollen Haltung.

Grundsätzlich akzeptiert man sich – und wo dies gelebt wird, haben Vorschriften wenig Raum. Allenfalls kann die Motivationsmutter Empfehlungen aussprechen, doch wird sie, wenn nicht wirkliche Gefahren drohen, eigene, vielleicht auch schmerzhafte Erfahrungen zulassen. Sie wird die Tochter hüten, aber nicht überbehüten, und sie will sie auf keinen Fall dirigieren oder ihr mit Vorschriften Grenzen setzen. Die Grenzen der töchterlichen Möglichkeiten – darauf vertraut sie – wird diese schon selbst erfahren und richtig zu verarbeiten wissen.

Manchmal jedoch schützt die Mutter die Tochter durch ein handfestes Verbot. Grundsätzlich ist dies nicht ihr Erziehungsmittel und passt nicht in ihr Konzept. Aber in seltenen Fällen ist das nötig und wegen Gefährlichkeit der Situation, der die Tochter auf keinen Fall gewachsen sein wird, ein unausweichlicher Schritt. Sie setzt Autorität ein und scheut sich nicht, sie spricht ein Machtwort. Aber dies geschieht selten, sie will nicht generell einschränken, nur bezogen auf diesen speziellen Fall. Sie erklärt freundlich, aber bestimmt. Nicht als unablässige Warnung vor der schlechten Welt, sondern nur hier in diesem Fall und nur, um die Tochter vor Schaden bewahren.

Glückliche Symbiose?

Die glückliche Symbiose ist eine innige Spielart in der Mutter-Tochter-Beziehung.

Ich denke an Rebecca D.: Rebecca und ihre Tochter Maria. Beide kennt man gut im Viertel. Rebecca, alleinerziehende Mutter, arbeitet inzwischen in ihrem Fach an der Universität als wissenschaftliche Angestellte. Ihre Tochter Maria ist ‚die Prinzessin'. So wird sie liebevoll genannt, aber auch mit ein bisschen leisem Spott. Maria ist jetzt sieben und das Kind einer heftigen Liebe zwischen ihrer Mutter und einem eritreischen Vater. Beide lernten sich an einem Wissenschaftlichen Institut in seinem Heimatland kennen. Rebecca wollte dort ihre Magisterarbeit beenden. Das war der Anfang von Maria.

Von Anfang an war Rebecca mit ihren 28 Jahren entschlossen zu diesem Kind, sie war auch entschlossen, eine gute Mutter zu sein und alle die Fehler der Eltern, besonders der eigenen Mutter nicht zu wiederholen. Schon allein die Vorbereitung auf die Entbindung! Wohnungssuche für zwei, die richtig gesunde Ernährung, alle Gedanken auf das Leben mit einem Kind, die Vorbereitung auf die Hausgeburt, all das macht klar, mit welcher Bewusstheit und Überlegung die Mutter ihr Leben an das der Tochter knüpfen wollte. Nichts wollte sie versäumen. Sie lehnte es ab, den Vater zu heiraten, verzichtete auf Unterhaltszahlungen, überbrückte finanzielle Engpässe, nahm in Kauf, von der Sozialhilfe zu leben, und lehnte einen Ganztags-, auch Halbtagsberuf zugunsten ihres Kindes ab.

Es klingt wie im Märchen: Maria ist auch wirklich so schön und anmutig – alle Herzen fliegen ihr zu. Und sie ist gesprächig, fröhlich, charmant und deutlich hochbegabt. Sie ist ein Glückskind. Sie ist „Prinzessin" oder mit dem goldenen Löffel geboren, was immer man sagen möchte.

Maria hat also eine Sonderstellung im Leben ihrer Mutter, auch im Zusammenspiel mit anderen, Kindern wie Erwachsenen. Es gibt kaum jemanden, der sich ihr entziehen könnte. Das weiß sie. Und so entwickelte sie früh Stärke, Entschiedenheit und Entschlossenheit zu sich. Ihr Willen ist klar und die Verteidigung dieses Willens ebenso. Eben – Maria weiß, was sie will, und kann gleichzeitig abspüren und sich geschmeidig anpassen. Wenigstens konnte sie es. Aber – sie ist auch anspruchsvoll. Und eigentlich ist sie gewohnt, dass alles so läuft, wie sie es sich denkt.

Im Augenblick zeigt sie andere und unangenehme Seiten von Dominanz. Da waren schon einmal kleine, kaum wahrgenommene, unangenehme Szenen früher: Immer wieder wusste sie sich in den Vordergrund zu spielen: Das war damals eigentlich charmant, aber doch störend: Maria war präsent durch (spannendes) Erzählen und Fragen, durch Singen, Sich-Anschmiegen und Aufmerksamkeit-auf-sich-Ziehen. Nicht so unangenehm alles, aber darin lag eben auch schon der Anfang einer Gefahr.

Zum ersten Kraftakt zwischen Mutter und Tochter kam es, als Rebecca vor den Augen der Tochter ganz spontan Bungee-Springen wollte. Festgebunden an ein dehnbares, nachgiebiges, elastisches „Gummiband" springt der- oder diejenige aus großer Höhe von einem Kran in die Luft und erlebt freien Fall, Abenteuer und Nervenkitzel. Maria war außer sich, dass ihre Mutter das tun wollte. Die Umstehenden ergriffen Partei: teilweise für Rebecca, teilweise für die Maria. Eine anwesende Psychologin machte sich stark und begann auf Rebecca einzureden: Jetzt sei der Zeitpunkt der Loslösung der Mutter von der Tochter gekommen. Die Mutter habe ihr eigenes Leben, ihre eigenen Wünsche und müsse diese vertreten, so könne sich eine Mutter von ihrer Tochter nicht bestimmen lassen, dass sie nicht mehr tun könne, was sie wolle ...

Rebecca sprang nicht angesichts der existentiellen Angst ihrer kleinen Tochter. Erst ein paar Tage später – allein – als ihre Tochter nicht dabei war. Und sie hat ihr mit dieser Entscheidung den Schock und eine rasende Angst vor dem möglichem Verlust der Mutter erspart. Im Augenblick, kurz vor der Einschulung, zeichnet sich ein anderes Drama von Loslösung zwischen Mutter und Tochter ab.

Die Mutter trifft auf einen alten Freund, die alte Liebe flammt auf. Sie wollen schnell heiraten, fast schon überstürzt. Bis heute ist Rebecca nicht verheiratet. Diese Hochzeit klappte nicht und eine andere nicht: Männerfreundschaften der Mutter werden verhindert. Die Tochter ist dagegen. Maria wehrt sich so vehement, und dominant, dass die Mutter erst einmal klein beigeben und die Wogen glätten muss.

Das Phänomen Einzelkind zeigt sich hier in der Mutter-Tochter-Konstellation als Sonderstellung vielleicht noch ausgeprägter als in der Mutter-Sohn-Variante: Mutter und Tochter gehören einander. Und sie handeln in einer innerseelischen Bezogenheit aufeinander: Jede garantiert der anderen ein gemeinsames Leben. Sie sind eng verbunden. In ihrer symbiotischen Übereinstimmung ist jede der anderen vertraulicher Besitz, und dieser Zustand darf von niemandem, keiner anderen Menschenseele, geschweige denn einem Mann, durchbrochen werden, getreu dem Gedicht eines unbekannten Dichters aus dem Mittelalter:

> Ich bin din,
> Du biszt min.
> Des solt du gewisz sin.
> Du bist beslozzen in minem Herzen.
> Verloren ist das szlüzzelin.
> Du mouszt immer drine sin.

Das Besondere an diesem Verhältnis Rebecca und Maria ist die Potenzierung der „Einzelkindbeziehung“. Ganzes Glück oder ganze Verzweiflung kann in dieser Zweiergemeinschaft stattfinden – eben weil sie eine Einheit, eine Gemeinsamkeit, ein Ein und Alles gegenüber dem Rest der Welt sein müssen oder es geworden sind. Oft genug ist oder fühlt sich diese Lebensgemeinschaft im Kreuzfeuer zwischen Anerkennung und Ablehnung der Gesellschaft. So kommt es vermutlich zu der heftigen Verteidigung der Zweisamkeit.

Möglicherweise besteht zwischen Rebecca und Maria ein ungeschriebener Vertrag, dass gegenseitig nur so viel Freiheit gewährt wird, wie es den anderen in seinen Verlassenheitsängsten nicht gefährdet. Möglicherweise wurde die Belastbarkeit und Toleranz in den letzten drei Jahren zwischen den beiden schon sehr beansprucht. Denn Rebecca absolvierte eine dreijährige Umschulung, die vermutlich immer wieder ein „gentleman agreement“, ein Aushandeln und Versprechen verlangte. Möglicherweise „erlaubt“ die Tochter der Mutter diese Ausbildung: Abwesenheit und Andersorientierung, nur mit dem – vielleicht sogar unausgesprochenen – Versprechen: „dann aber wieder ganz und voll füreinander da zu sein.“

Möglicherweise laufen bei Rebecca immer wieder die Reifungsschritte berufliches Fortkommen, menschliche Begegnung contra Verbot durch die Tochter. Die Beendigung einer Ausbildung macht frei zu einem Schritt in ein reifes Erwachsenenleben. Der nächste Schritt könnte heißen: Mann bzw. Ehe und/oder Beruf. Wieder könnte es das Kind sein, das diesen nächsten und entscheidenden Reifungsschritt verhindert.

Es wird also eine Loslösung von beiden Seiten, ein wirklicher Trennungsschritt beider voneinander, notwendig werden.

Die Tochter wird demnächst zur Schule gehen. Aber da Maria Schule ablehnt, könnte die Einschulung zum Problem werden.

Beide sollten den Schritt in eine neue, unabhängigere Selbstständigkeit tun. Dazu gehört, dass sie einander loslassen und die für beide so wichtigen Reifungsschritte zulassen. Die Mutter als Erzieherin wird Überzeugungsarbeit leisten müssen, damit die Verklammerung zu einer offeneren Verbindung werden kann.

Die Mutter als Freundin?

„Geht nicht", sagen die einen. „Geht", die anderen oder sie sagen zögernd-gedehnt: „Ja, aber ..." Kann also eine Mutter zur Freundin der Tochter werden, soll sie das, muss sie, darf sie überhaupt oder sollte sie vielleicht besser nicht?

Was ist das überhaupt – eine Freundin?

Die Freundin ist Kopfkissen und Kuschelbär. Ihr wird viel anvertraut: Alles, womit man offen Schwierigkeiten hat, alles was insgeheim quält. Aber wichtig ist, die Freundin ist die Vertraute des Allergeheimsten: Sie weiß um manche Sehnsüchte, tiefverborgene Wünsche, Kränkungen, die lächerlichsten Ängste, die waghalsigsten Hoffnungen. Alles oder vieles, was fremd, unbekannt und angstmachend erscheint, kann tiefes Thema mit der Freundin werden. Sie erträgt Intimes, Ernsthaftigkeiten, Zweifel, Ungewissheiten, Blödsinn, Schabernack, Unaussprechliches, das, was niemand sonst hören will oder ertragen könnte und – was man sich manchmal nicht einmal selbst eingesteht: Die Freundin, aufmerksam und verschwiegen, geduldig und belastbar, bedenkt alles mit, wird im Herzen bewegen, besprechen und beantworten.

Die Voraussetzung für Zwiegespräch und Freundschaft unter Mädchen ist sicher die Gleichaltrigkeit. Aber nicht das „gleiche Alter" ist das, was sie zusammenführt, sondern die „gleiche Ebene" ihrer Erfahrungen, sie sind sozusagen „gleich weit im Leben" oder anders gesagt: Es verbindet sie auch die Ähnlichkeit in der „Unkenntnis der Welt". Mag sein, dass die eine schon mehr weiß und einen „Erfahrungsvorsprung" hat, aber da gibt es noch Unbewältigtes, Noch-Nichterfahrenes und Ungekanntes. Die Gemeinsamkeit von Freundinnen liegt im gemeinsamen Wissen um das Nochnichtwissen von Lebensabläufen und Lebensorientierung, die man gemeinsam zu ergänzen trachtet.

Freundinnen tragen also zusammen, was sie wissen, erziehen und ermuntern sich, warnen und verbieten einander, belehren, informieren und tolerieren sich – all das mit einer freundschaftlichen Neugier, einem Wohlwollen, vorsichtiger Großzügigkeit, der Entwicklung der jeweils anderen gegenüber. Diejenige übernimmt die Führung, die den augenblicklich besseren Einfall oder die erfolgversprechendere Lösung bereit hat. Das ist dann nicht hierarchisch, sondern kann je nach Bedarf und Qualität von der einen zur anderen wechseln. Kein Führungsanspruch, kein Machtanspruch, keine Hierarchie gehören zu einer Mädchenfreundschaft, sondern „das gemeinsame Aufhäufeln" von Wissen zur Bewältigung von Lebensfragen.

Und die Mutter als Freundin? Das kann die Mutter so nicht leisten. Das sollte sie auch nicht leisten können wollen. Dies würde an ihrem Selbstverständnis und an ihrer Lebensaufgabe vorbei gehen. Die Mutter ist nun einmal nicht gleich der Tochter, auch wenn sie in Vielem Gemeinsamkeiten und Ähnlichkeiten haben.

An Mädchen hat man viel mehr als an Jungen, besonders im Alter, darauf verlassen sich Mütter. Meine Mutter ist meine beste Freundin, wir haben überhaupt keine Probleme und erzählen uns alles, sagen manche Töchter und erklären vergnügt: Meine Mutter tut mir alles. Wenn ich sie nur ein bisschen anbettle. Aber das habe ich eigentlich gar nicht nötig. Sie versteht mich und akzeptiert mich voll. Eigentlich kann ich machen, was ich will, sie findet mich immer gut.

Die Mutter ist schnell verständig, Konfrontation ist nicht angesagt. Es ist ihre einzige Tochter und sie selbst ist doch so modern und aufgeschlossen. Die Mutter versteht, gibt nach, zeigt sich großzügig, verschwistert sich mit der Tochter und ihren Wünschen und bleibt auf einer Linie mit ihr. So bleiben sie verbunden, zwei aufeinandergelegte stimmige Folien, die eine trägt die Möglichkeiten der anderen, ineinander verhaftet und bei allen Beteuerungen der Freiheit nicht wirklich losgelassen, sondern in einer scheinbaren Freiheit schön verklammert.

Die Mutter ist an Erfahrungen, Einsichten, an Jahren weiter. Sie kann sich nicht der Tochter gleich machen und sich auf die selbe Ebene begeben. Tut sie es doch, so gibt sie ihre biologisch gegebene Führungsaufgabe vorschnell ab. Wo sie nicht (alters-) gleich sein kann, versucht sich die Mutter der Tochter gleichzumachen. Sie gibt den Unterschied der Ungleichheit auf, sie hebt die Distanz zwischen Mutter und Tochter auf.

Dann buhlt die Mutter um die Tochter. Sie wird besonders jugendlich aussehen wollen, fast kann man Mutter und Tochter nicht mehr unterscheiden, so sehr gleichen sie sich. Sie tragen die gleiche Konfektionsgröße, sie tauschen Röcke, Hosen, Sweatshirts, Lippenstift und Rouge. Die Mutter spricht in der Sprache der Tochter, überhaupt kann man die Stimmlage, den Tonfall der beiden am Telefon schwer auseinanderhalten. Sie gehen gemeinsam aus, sie schlendern Arm in Arm durch die Stadt, kaufen gemeinsam ein, trinken Milchkaffee oder eine Cola und gehen zusammen tanzen in der Disco.

Der Freund der Tochter findet die Mutter auch süß – überhaupt auch mit ihm machen Mutter und Tochter alles gemeinsam.

Es ist alles sehr dicht und eng und ungetrennt: Die Mutter gibt Erfahrungsvorsprung und Autorität auf, vermeidet Führung, Kontroversen, Auseinandersetzung und Reibung.

Die Infantilisierung oder Das-sich-gegenseitig-Infantil-Halten in dieser Mutter-Tochter-Beziehung verhindert Entwicklung und Reifung, sowohl der Mutter, in erschreckendem Maße aber auch das Erwachsenwerden der Tochter. Diese Mutter-Tochter-Beziehung ist falschverstandene und sogar schädliche Freundschaft, die eine falsche Harmonie als „Nutzen“ hat, wenn man denn vermiedene Auseinandersetzung, ein „Über-die-Dinge-hinweg-Gehen“, „Sich-Probleme-Ersparen“ als Nutzen ansieht.

Die Mutter vermeidet eine Auseinandersetzung mit ihrem Alter, ihrer Mutterrolle, Verschiedenheit und Trennung, Alleinsein und Selbst-Erwachsen-Werden. In der „dicken Freundschaft“ mit der Tochter kommt das Gleichgewicht der Familie in eine schiefe Lage. Die Gespräche mit dem Ehemann dünnen sich aus. Die Frauenpower – die symbiotische Gemeinsamkeit von Mutter und Tochter – grenzt die „Männer der Familie“ aus, stellt sie an den Rand und schwächt sie.

So – wie eben beschrieben – sollte Freundschaft zwischen Mutter und Tochter nicht sein!

Kann sie denn dann bei der Verschiedenheit in Temperament, Interessen und an Jahren überhaupt stattfinden? Grundsätzlich schon. Es ist ein besonders schönes und wunderbares Geschenk: diese Freundschaft zwischen Mutter und Tochter.

Aber ist eben nicht nur ein Geschenk, sondern – betrachtet man genauer ist es konzentrierte Arbeit, ein sich immer wieder Bewusstmachen gerade dieser Verschiedenheit bei doch großer Nähe. Das ist ein Weg zwischen Anlehnung und Abwehr, zwischen Distanz und Verbindung, zwischen Loslassen und Übereinstimmen. Und beide, sowohl die Tochter wie die Mutter, müssen diesen Weg finden, jede für sich und beide gemeinsam.

Mutter-Tochter-Freundschaft ist möglich, wenn man Getrenntheit zulässt, Fremdheit zwischen einander ertragen kann. Dies ist hauptsächlich die Arbeit der Mutter. Das bedeutet: Die Mutter muss sich trennen können. Die Tochter will das ohnehin. Das bedeutet: Sie saugen sich nicht auf, sondern akzeptieren Trennung – räumliche, körperliche und seelische. Das bedeutet, die Mutter muss Distanz wollen, und die Tochter muss sie sich nehmen können und dürfen.

Dann dürfte sich wohl diese großherzige Übereinstimmung ereignen, die Rainer Maria Rilke in „Briefe an einen jungen Dichter" als Vision zeichnet: „Und diese menschlichere Liebe (die unendlich rücksichtsvoll und leise, und gut und klar in Binden und Lösen sich vollziehen wird) wird jener ähneln, die wir ringend und mühsam vorbereiten, der Liebe, die darin besteht, dass zwei Einsamkeiten einander schützen, grenzen und grüßen."

Denn das sind wir doch letztendlich: Einsamkeiten – ohne Anspruch auf den anderen, nicht auf die Tochter, auch nicht auf die Mutter.

So – ohne Erwartungen, ohne Vertraulichkeiten, ohne klebrige Nähe, kommen wir zu einer anderen Art von Übereinstimmung, zu glücklichen Momenten. Wir kennen uns so gut, weil wir vertraut sind. Wir entdecken uns neu und anders, weil wir Raum zwischen uns lassen.

Na, werden Sie vielleicht sagen, und wie handhabt denn die Autorin das Verhältnis zu ihren Töchtern? Freundschaft oder Feindschaft?

Nichts von beiden. Mit der Älteren wünschte ich mir mehr Gespräch und finde, es könnte sein und bin erstaunt, wenn nach drei Sätzen wir schon wieder aneinander hochgehen ... Bei der anderen wünschte ich mir mehr Distanz und warte auf das Ende der Anhänglichkeit. Auch das wird nicht einfach sein, aber ich vertraue auf die „Wellenbewegung" des Lebens, das Aufeinanderzu und Voneinanderweg in den Lebensphasen und lerne: aufmerksam auszuhalten und bereit zu sein.

IV Leiden an der Mutter

Die gewalttätige Mutter

Die wenigsten Mütter sind heute offen gewalttätig. Sind sie deshalb weniger aggressiv?

Heute wird nicht mehr in einer so offensichtlichen Form über Kinder verfügt, diese Zeiten sind vorbei: die Zeiten von Drill und Kadettengehorsams, der offenen Gewalt von Schlägen, von Rügen und Abkanzeln, Reglementieren und des unverhohlenen Zynismus. Vorbei auch die Schicksale der Haustöchter, dieser Töchter zuhause, die dem verwitweten Vater zuliebe die Familie versorgen. Oder der Töchter, die der Mutter zuliebe zuhause bleiben, keinen Beruf erlernen und mögliche Heiratskandidaten, die sich in die familiäre Verbarrikadierung verirren, abschmettern. Sie bleiben bei der Mutter, unterhalten sie, pflegen sie. Schließlich gehören sie ganz der Mutter wie gut gepflegte Haustiere. Es gibt sie nicht mehr, oder doch?

Die Strukturen der heutigen Abhängigkeiten sind feiner, geschickt-verdeckter. Abhängigkeitsverhältnisse gibt es noch immer, aber sie geschehen weniger offensichtlich, weniger bewusst, sind dadurch weniger fassbar, sitzen tiefer, die Gewaltanwendungen sind subtiler. Diese Spielarten der Gewalt entstehen früh und entwickeln sich kaum bemerkt und gut versteckt.

Ihren Standpunkt zu erzwingen auf Biegen und Brechen, ist das blindwütige Ziel mancher Mütter. Es zeigt sich in diesen triebhaften, emotionalen Reaktionen: Die Triebentladung ist stärker als Steuerung möglich ist. Im Moment des ungesteuerten Verhaltens mögen noch Rechtfertigungen, scheinbar reflektierte Sätze vorgeschoben werden wie zum Beispiel: Das muss das Kind essen, das ist gesund oder das darf das Kind nicht tun, muss es tun, denn es ist gut oder nicht gut für das Kind ..., es bleibt aber eine unkontrollierte Vehemenz: Die Mutter kennt sich nicht mehr, tobt, rastet aus, schlägt um sich.

Marianne F., 49, erzählt: Meine Kindheit war immer wieder Erschrecken und Strafe. Meine Mutter und mein Vater haben abwechselnd auf mich eingedroschen. Meine Mutter hat mir mit meinem Vater gedroht, wenn der abends heimkäme ...! Sie selbst hat aber auch immer ganz schön zugeschlagen, und erst mit 14 Jahren hatte ich den Mut und auch die körperliche Kraft, ihr den Stock, mit dem sie immer so bestialisch zuschlug, aus der Hand zu nehmen. Ich habe den Stock ganz langsam auf den Boden gelegt, mich mit meiner ganzen Person drauf gestellt und war so voller Wut und Schmerz. Da hat sie gemerkt, dass ich sie fertig gemacht hätte, wenn sie noch weiter Hand an mich gelegt hätte. Gegen meine Mutter aufzutreten, das war das größte Gefühl in meinem Leben. Aber ich hätte sie nicht schlagen können. Aber heute, wenn meine eigene Tochter mich wütend macht, und ich mir nicht mehr helfen kann, kommen diese Wutausbrüche meiner Mutter in mir hoch, und ich kann kaum an mich halten, die Kleine nicht zu schlagen. Sie richtig zu verprügeln, dieser Wunsch überfällt mich in solchen Situationen, es ist wie ein Rausch, wie ein Sog. Und ich zittere vor Erregung am ganzen Leib.

Erwachsen und trotzdem unreif

Meist sind diese Frauen selbst durch eine solche Hölle der Kindheit gegangen. Die Hölle war selbst erlebte Gewalt, Gefügigkeit wurden mit Körperstrafen erzwungen, Probleme wurden mit Prügeln gelöst. Die gewalttätige Mutter hat in ihrer Kindheit nur dieses Muster als Problemlösungsverhalten kennengelernt, das jetzt – bei ihren eigenen Kindern – sich entladen und damit erlösen will. Oft wissen sie nicht, was mit ihnen geschieht. Nach dem „Anfall“ sind sie bestürzt, unglücklich, auf keinen Fall erlöst, sondern sie fühlen sich erbärmlich schlecht und schuldig, ohne zu wissen, wie das Ganze zu lösen wäre.

Oft sind diese so gewaltanwendenden Mütter noch jung, oft in schwieriger familiärer und finanzieller Situation. Sie haben ein eher kindlich-naives Gemüt, das dem Leben nicht gewachsen ist. Sie zeigen eine eher unreife und in kindlicher Regression steckengebliebene Persönlichkeit mit geringer Belastbarkeit und einer geringen Frustrationsgrenze. Die Augenblickswünsche sollen jetzt und schnell erfüllt sein. Erwachsenes Verhalten wie Geduld, zu warten, zu ertragen oder auf etwas hin zu arbeiten, haben sie meist nicht. Sie versuchen sich permanent von Schwierigkeiten und Widrigkeiten zu entlasten, lieben die Verwöhnung, die schnelle Befriedigung ihrer Wünsche.

Dieser unberechenbaren, schwankenden, schwer fassbaren Mutter entgegen steht das Kind mit anderen Bedürfnissen und einem anderen Willen. Besonders die Tochter leidet unter einer solchen Mutter. Der Sohn wird oft merkwürdigerweise herausgehalten. Je nach Laune kann die Mutter auf das Verhalten der Tochter reagieren: Heute findet sie ihr Verhalten witzig und, weil sie heute gut drauf ist, lacht sie und lässt alles durch. Die selbe Situation kann im nächsten Moment umkippen oder morgen, einen Tag danach, eine völlig andere Reaktion nach sich ziehen: Die Mutter reagiert wütend, drohend. Was gestern noch lustig war, ist heute plötzlich falsch, eine Entladung muss fast zwanghaft erfolgen.

Dieser Erziehungsstil ist weit entfernt von der von Janusz Korczak empfohlenen stetigen und liebenden Konsequenz. Noch nicht einmal – vielleicht glücklicherweise – ist sie in der Strafandrohung oder im Bestrafen konsequent. Bei dieser ohnmächtigen, in ihren Emotionen geschleuderten Mutter sind Reaktionen willkürlich und kaum berechenbar: Die Strafe auf kleine Dinge kann groß, auf große Sünden klein sein, mal ist etwas falsch, was gestern noch akzeptiert war oder die Strafe fällt überhaupt ganz aus oder – aus irgendeinem nicht nachvollziehbaren Grund kann der Strafausbruch brutal sein.

Die Märtyrermutter

Im Gegensatz zur selbstbestimmten Motivationsmutter handelt die Märtyrermutter dagegen meist aus einer Unfreiheit heraus, weil man als Mutter *so und so tut*, weil *man so und so handeln muss*. Nicht dass die Motivationsmutter nicht Erziehungsregeln im Vorbild der eigenen Mutter übernehmen könnte, aber erst nach Reflexion, ob es gut für ihr Kind ist und in ihre Erziehung passt. Die Märtyrermutter handelt so, wie die Mutter der Mutter auch schon gehandelt hat, sie fühlt sich dazu aus Tradition und Konvention verpflichtet. Im Grunde überlegt sie nicht lang: Orientierung bezieht sie von außen als einen Katalog von überkommenen Pflichten, *wie es die Mutter doch schon gemacht hat.* Oder sie studiert Mutter-Kind-Bücher und erfüllt buchstabengetreu. Das Kind erwartet und die Umwelt erwartet, also gibt sie sich alle Mühe, erwartungsgemäß zu funktionieren.

Die Märtyrermutter handelt nach äußeren „Geboten“, von der Mutter oder früheren Generationen übernommen. Sie handelt außenorientiert, im Hinblick auf das Umfeld, das Erwartungen setzt, Pflichten zu erfüllen, wie es sich nun immer schon gehört.

Einerseits wird sie als die perfekte und unermüdliche Hausfrau, Mutter und Ehefrau anerkannt, aber doch wird sie gleichzeitig nicht ganz so wertgeschätzt. Ihrem Tun fehlt der Schwung, die Überzeugung und eine kreative Freude. Die pflichtgetreue Erfüllung wird mehr und mehr zur buchstabengetreuen Aufopferung. Das macht niemanden recht froh. Sie am allerwenigsten. Sie möchte allen alles recht machen, es gelingt ihr auch, und doch fehlt die befriedigende und befreiende Anerkennung. Ihre Dienste werden in Anspruch genommen, eingefordert und verbraucht, sie reagiert mit immer weiteren Aufopferungen und trotzdem ...

In diesem Hamsterrad von Anforderung und Aufopferung wird die Arbeit allmählich zur Qual und der gequälten Brust entwinden sich manche Seufzer. Ja, die Mutter sagt und klagt, was sie alles für die Tochter und für die Familie tue. Sie seufzt dabei wehmutsvoll. Was sie alles für die Familie aufgegeben habe. Wo sie doch so viele andere Möglichkeiten in der Welt gehabt hätte. Alles aufgegeben für die Wünsche der Familie und jetzt? Wieder seufzt ein Seufzer aus ihr heraus ...

Dieses Modell Mutter ist für die Tochter kein Vorbild, keines das sie so frisch und unbekümmert sich zu Herzen nehmen wollte: Zwar auf der einen Seite bewundert die Tochter die Mutter um ihre Fertigkeiten, um ihr Können, um den reibungslosen Ablauf und die Verlässlichkeit: Bei der Mutter ist es schön und warm, gemütlich, aufgeräumt, und es schmeckt. Auf der anderen Seite ist es um den Preis der Seufzer und Selbstverleugnung.

Das sieht die Tochter auch: Wie sich die Mutter verzehrt, allen zu Diensten ist: Sie ist kleinlaut gegenüber dem Vater, es fehlen ihr die kessen Argumente, irgendwie wird sie untergebuttert. Der Bruder ist unverschämt bis frech, und sie selbst nutzt die Mutter eigentlich auch aus. Wollte sie nicht kürzlich unbedingt zu ihrer Freundin gefahren werden, obwohl die Mutter gerade ziemlich erschöpft von einer Fahrtour für den Bruder kam?

Nein, sagt sich die Tochter, so wie die Mutter? Nie!

Mit diesem Muttermodell kann sie sich nicht identifizieren. Und wird sich allem entziehen, was mit diesem Modell Mutter zu tun hat. Nein, sie will nicht helfen, aufräumen oder Kuchen backen, alles will sie vermeiden, was Ähnlichkeit mit der Mutter aufweisen könnte. Kurzum, sie verweigert die Nachfolge in die Opferrolle der Mutter.

Aber genauer betrachtet, lehnt die Tochter nicht das ab, was die Mutter tut, sondern wie sie es tut. Sie lehnt nicht eigentlich die Tätigkeit der Mutter ab, denn nach einer Mädchenbefragung der Autorinnen Burger/Seidenspinner wollen 48% ein Leben führen wie die Mutter, sondern sie lehnen die innere Einstellung der Mutter zu sich selbst ab. Das Unfrohe, Seufzende, Verschüchterte, Klagende in der Mutter will sie für sich nicht akzeptieren. In ihren Träumen will sie später zwar alles genauso wie die Mutter tun: Familie, Kinder, Haushalt, keine Berufstätigkeit, nur für die Kinder da sein, dann aber ganz anders verwirklichen...

Ist die Märtyrermutter am Aussterben? Und wird es bald die Alles-recht-Macherinnen nicht mehr geben? Mir scheint fast, es tritt an deren Stelle ein anderes modernes Multi-Mutter-Modell: Die junge Frau, gut qualifiziert für einen Beruf, mit dem Wunsch nach Familie. Sie packt noch eins drauf, um allem gerecht zu werden: Familie, Partnerschaft und Beruf. Es bleibt ihr überlassen, wie sie alle Anforderungen unter einen, ihren Hut bekommt.

Im Banne der Körpersprache

Um die Tochter zu erziehen, in der Hand zu behalten, sich fügsam zu machen, gibt es leisere und differenziertere Methoden. Man kann zur Verstärkung der Autorität hin und wieder eine Strafe erteilen. Viel „wirksamer", viel nachhaltiger und verletzender als körperliche Züchtigung sind die feinen Abstufungen von Zärtlichkeit und Entzug von Zärtlichkeit. Man findet in mütterlicher Erziehung ein fatales Wechselspiel von Lob und Entmutigung, Wohlwollen und Kritik, Anerkennen und Ablehnen, Schlagen und Küssen.

Auch die Taktiken der subtilen psychischen Beeinflussung in der Erziehung haben meist Vorbilder und sind meist von den Eltern, von der Mutter übernommen und sind damit tradierte Verhaltens- und Reaktionsweisen.

Diese mütterlichen Reglementierungs- und Korrekturmechanismen werden früh subtil angelegt und früh verinnerlicht. Das Pendeln zwischen Zuwendung und Ablehnung hält die Tochter in Schach. Später genügen nur leicht angedeutete Zeichen: Hinter dem Rücken der anderen, nicht erkennbar für die anderen, entsteht ein Spiel der mütterlichen Körpersprache. Die Mutter hebt ein wenig die Stimme oder spricht nur etwas lauter, ihre steile, scharfe kleine Stirnfalte zwischen den Augenbrauen, ein verstohlenes, aber kräftiges Augenrollen, die herabgezogenen Mundwinkel, ein bestimmter scharfer Ton, die veränderte Melodie, eine ruckartige Schlaghand oder die kaum sichtbar kleine geballte Faust sind Schreckmomente und Erkennungszeichen, Erinnerung und Aufforderung an die Tochter, sich richtig zu verhalten oder anders gesagt, sich zu verhalten, wie Mutter das „richtig" findet und es will.

Aber was ist richtig in diesem Katalog von Anforderungen? Bei dem das Kind nicht durchschaut, was es alles soll, nur, dass es eben wieder einmal nicht richtig war! Und wenn es nicht richtig ist, erfährt das Mädchen, kann die Mutter es auch nicht lieben. Der Entzug von mütterlicher Liebe, allein schon die Androhung, stürzt in helles Entsetzen. Die Angst wird immer größer, Verunsicherung wächst, und Selbstwertgefühl schwindet.

Spät erst, oft in den Jahren zwischen vierzig und fünfzig und meist im Zusammenhang mit der Erziehung der eigenen Tochter, wird diesen Töchtern klar, wer richtungsweisend und fordernd in ihnen sitzt.

Vanessa R., 52, Ärztin mit eigener Praxis, kennt das von sich selbst und findet dies in vielen Biographien im Gespräch mit anderen Frauen ihrer Frauengruppen der eigenen Praxis bestätigt. „Wenn meine Mutter in einem bestimmten Ton, der nur für uns beide zu hören ist, mit mir spricht, entdecke ich in mir helle Angst. Und das immer noch in meinem Alter", sagt sie.

Bettina M., 38: findet ihre Kindheitsmuster bei einer gemeinsamen Reise mit ihrer Mutter und der älteren Schwester. Bei dieser Reise wiederholt sich das alte Spiel: die übereinstimmende Gemeinsamkeit zwischen Mutter und der älteren, von der Mutter geliebten und bevorzugten Schwester. „Wie Schuppen fiel es mir von den Augen, was da läuft. Nicht nur, dass meine Mutter mich kaum mit meinen Namen angeredet hat, meist hat sie von irgendwoher Hallo gerufen, und dieser Hallo war dann ich. Na, das kann man ja noch irgendwie wegstecken, verletzend war es aber schon! Nein, das Schlimmste war der Schmerz: Ich kann da nichts ausrichten: Die Schwester ist und bleibt und war allezeit die Größte, und ich kann tun, was ich will. Nie kann ich in diesen Geheimbund eindringen, nie werde ich eine von ihnen sein! Immer war das so! Jetzt, wo ich es wieder erlebe, weiß ich wieder alles! Ich habe es nur vergessen!" Bettina schluchzt.

Die Spielarten der frühen Verunsicherung auf einer psychischen Ebene macht die Tochter hellhörig, empfindlich und sehr labil. Ihr Erschrecken, ihre Angst sitzen sehr tief innen. In ständiger Unruhe nach außen zeigt sich die wachsame Bereitschaft der Tochter, seismographisch die Stimmung der Mutter abzutasten. Sich einzufühlen, um sich dann entsprechend zu verhalten. Im Grunde ortet das Mädchen ständig den Zustand der Mutter. Mit der Zeit wird sich das Mädchen selbst fremd, beziehungsweise fühlt sich ganz in die Wunschwelt der Mutter und fügt sich bis zur Selbstaufgabe. Die psychische Gewalt der Mutter ist gefährlich, weil meist schwer erkennbar. Das Mädchen kann sich nicht wehren, sie kann das Spiel der bösen Bindungen kaum durchschauen. Als kleines oder größeres Mädchen wird sie sich nur am besten so verhalten, wie die Mutter ihr nahe legt oder sie selbst es erahnt, dass es so vielleicht richtig sein könnte.

Verena, Klara und Claudia, 54, 51 und 49 Jahre: Drei Schwestern! Wir haben als Schulmädchen ein Zeichensystem eingeführt: Die erste, die nach der Schule nach Hause kam, erkundete die Stimmung der Mutter. Das wurde dann beim Nachhausekommen der anderen durch Zeichensprache signalisiert: In die Haare fassen bedeutete: Sie hat Migräne! Das war schrecklich. Am Ohr reiben bedeutete: dicke Luft. Kreuzeszeichen hieß: Krach mit Papa oder auch: Der Bruder hat mal wieder was ausgefressen, war halt eben Krach! Dann haben wir uns in unsere Zimmer verkrümelt ...

Der Weg in die psychische Angst des Kindes ist langsam, stetig, fast unbemerkt von anderen, sehr subtil.

Das Kind wird zum Fühlwesen, die Wünsche und Erwartungen der Mutter abzufühlen. Das beginnt früh: Das kleine Mädchen ist in ständiger Alarmbereitschaft – und in größter Abhängigkeit zu erraten, was und wie die Mutter will, dass es sei.

Du, Tochter, sei die Beste, Gescheiteste, Sportlichste, Schönste! Sei fügsam, geduldig, ideenreich, progressiv, schön, tüchtig, hilfsbereit, zärtlich, mädchenhaft, kühn, unerschrocken, beliebt, anerkannt, bescheiden, redegewandt und halte den Mund. Sei schöner, besser, tüchtiger und sportlicher als die anderen Töchter! Mach mir Freude, auf dass die anderen mich bewundern und beneiden! Poliere mich auf, lass mich glänzen! Du und ich, wir sind eins! Gemeinsam können wir vor der Welt bestehen. Deine Fähigkeiten, Tochter, hast du von mir und du bist mein Kunstwerk!

Tochter Superstar und die Dressurmutter

Auch die Nähe der „Dressurmutter" ist eine für die Tochter „gefährliche" Nähe, weil sie ohne Reflexion die Persönlichkeit und die Talente der Tochter in Anspruch nimmt. Diese Mutter besitzt eine Tochter. Die Tochter ist einigermaßen nett und gescheit. Nun denkt sich die Mutter eine Starrolle in die Tochter hinein. Sie hängt ihr Wunschdenken an einer vielleicht nur mittelmäßigen Begabung der Tochter auf. Ohne Erkennen und ohne Klärung bei sich selbst „verwendet" sie die Tochter zur Erfüllung ihrer eigenen Wünsche.

Diese Nähe ist nicht so willkürlich von den Launen und Befindlichkeiten der Mutter abhängig, täglich oder stündlich je nach der Verfassung der Mutter wechselnd, nein, so nicht. Aber enorm anstrengend ist diese Nähe auch: Besonders bei durchschnittlicher und mittelmäßiger Begabung der Tochter wird diese auf einen falschen Weg gedrängt, ihre Anlagen umgebildet, ihre Neigungen und Interessen mütterlich zweckentfremdet, der Charakter verbogen.

Nur einmal braucht ein geschäftstüchtiger Kaufhausfotograf die Kamera zu zücken, um die kleine „Schönheit" zu porträtieren und schon glaubt die erfolgsverliebte Mutter, ein Star sei geboren, das Model der Zukunft. Die Hübschheit der Tochter veranlasst die Mutter, von einer Fotoagentur zur nächsten Werbeagentur zu rennen, immer die Tochter im „Gepäck" als Beweisstück für eine (mütterliche) Karriere. Möglicherweise wird die Tochter zum kleinen Kinderstar, vielleicht wird ihr eine kleine Film- oder Fernsehrolle angeboten, bevor sie mit der Pubertät irgendwo im durchschnittlichen „Niemands-Land" wieder versinkt. Die Mutter jedenfalls verhält sich stolzgeschwellt, die Tochter ist ihr Abbild, ihr Erfolg und alles früher einmal Geträumte und Gewünschte hat die Mutter nun über diese Tochter erreicht. Wenn sie nicht wäre, die Mutter, was wäre dann aus der Tochter geworden?

Ja, was wäre aus der Tochter geworden? Vielleicht ein ganz normales, unauffälliges, mittelhübsches Mädchen mit anderen Interessen, nicht aufgebauscht durch bewundernde Blicke, nicht hochgepäppelt durch Ballettallüren und persönlichkeitsentfremdet auf der Suche nach Inszenierung und äußerlichem Gestus.

So aber wurde aus dem Dressur- und Erfolgsdenken der Mutter ihre potenzierte Verfügungsgewalt über die Tochter. Schon sehr früh oder gleich nach der Stunde Null, bei der Geburt setzt das Wollen der Mutter ein. Und es macht sich irgendwo an der Tochter fest.

Die Tochter ist eine Frühbegabung in der mütterlichen Phantasie: Viele Tochterkarrieren beginnen mit dem Programm der Mutter, nicht bei der Begabung der Tochter. Musikalische Früherziehung, tänzerische Kleinkindgymnastik, die Schlittschuhpirouetten einer Dreijährigen: Schon geigt, Klavier spielt, tanzt, turnt, eisläuft, liest, ist intelligent: Mutters zukünftiger Stern!

Der Zauber und Glanz der frühen Begabung machen einen anderen Menschen aus dem Kind. Nie wieder wird die Tochter so, wie wenn sie ohne das verführerische Programm der Mutter groß geworden wäre. Lebenslang wird sie von ihrer Besonderheit, die letztendlich dann doch keine war, von diesen Schatten begleitet. Lange Zeit muss sich die Tochter von dem Sturz aus dem Erfolg oder besser von der Enttäuschung der betrogenen Mutter erholen.

Ich denke an bekannte Töchter, aber auch an ein persönliches Erlebnis mit zwei jungen Klavierspielerinnen:

Mehr zufällig ergab es sich, dass ich den Zweien unabhängig voneinander meinen Flügel zur Verfügung stellen konnte. Rachel war Halbjüdin und hochbegabt. Sabine spielte technisch überragend – es war bei beiden ein Vergnügen zuzuhören und trotzdem – zwischen Rachel und Sabine gab es einen deutlichen Unterschied. Die eine war technisch gut und hochmusikalisch, die andere technisch unübertroffen, aber wirklich musikantisch war sie nicht. Bei der einen war das Klavierspiel traumwandlerische Musikalität, bei der anderen war es das Produkt einer ehrgeizigen Mutter – eindeutig und nicht zu überhören.

Beide begannen an Musikhochschulen Klavier zu studieren. Sabine beging im vierten Semester Selbstmord. Man konnte nie genau erfahren warum. Schwierigkeiten mit dem Freund, hieß es.

Liegt aber nicht auch die Vermutung nahe, dass das Mädchen an seine Grenzen kam, an die Grenze zwischen angelernter Technik und Spielkunst auf höchstem Niveau, zwischen der eigenen Begrenzung und einer eigentlichen Begabung? Vielleicht war sie an der Grenze zwischen Erfüllungspflicht und Mutterzwang? Und konnte die Diskrepanz und Aussichtslosigkeit nicht mehr ertragen und hätte den Absturz der Mutter noch am wenigsten verkraftet? Wer weiß? Wir werden es nicht ergründen.

Hille K., 28: „Sie soll sich früh daran gewöhnen, was von ihr in der Gesellschaft verlangt wird", sagt die leistungsbetonte, erfolgsorientierte, intellektuelle Mutter und erzieht ihre siebenjährige Tochter Miriam sehr früh schon zum Gebrauch von Kopf und Verstand. Die Tochter liest und schreibt schon, ihre Malereien haben Sinn, man kann etwas erkennen und die Tochter hat sich schon viel dabei gedacht. Sicher hat die Tochter einen hohen IQ! Sie wird dem Vater zur weiteren Betreuung anvertraut. Der Vater ist Akademiker und fördert die intellektuellen Fähigkeiten der Tochter: Gescheite Spiele werden gespielt, Anpassung und Disziplin und Durchhaltevermögen eingeübt. Der Erfolg kommt nur aus der persönlichen unermüdlichen Leistung und schon im Kindergarten zeichnet sich ab, wer einstens die Führungsqualität besitzen wird.

Die so denken, diese Mütter und Väter, haben früh angefangen, sich und ihre Töchter zu quälen. Sie sagen, es sei das Beste für ihre Tochter. Man zweifelt und stellt in Frage.

Susanne, 8 Jahre: Susanne ist gerade schulpflichtig geworden und sitzt an einem Bedanke-mich-Brief an ihre Tante. Susanne soll mit ‚Deine Sanne' unterschreiben, verlangt die Mutter. Aber Susanne will nicht. Sie sagt: Sie sei doch nicht die Sanne der Tante, nur der Mutter würde sie schreiben „Deine Sanne". Langer Kampf. Er endet mit den Tränen der Tochter. Schließlich steht unter dem Brief „Deine Sanne".

Letztlich nichts so Besonderes, dass man es bemerken müsste. Schönschreiben oder Vielschreiben oder Richtigschreiben sind Kulturtechniken und müssen geübt werden. Immer wieder finden wir hier oder auf ganz anderen Gebieten kleine Dressurakte, die von den Eltern wichtig genommen werden. Im Grunde sind sie verkappte elterliche Machtmittel mit vorgeschobenen vernünftigen Sätzen, die Kinder gefügig machen und Elternehrgeiz befriedigen sollen.

Hinter diesem Anpassungsdiktat stand allerdings ein ganzes Erfolgs- und Leistungsprogramm.

Die erwähnte Susanne war begabt, keine Frage. Sie wurde intellektuell geschult. Intellektuelle Begabung wurde bei ihr früh gefördert. Sie war all die vielen Schuljahre eine Spitzenschülerin, ausgezeichnet mit Preisen und Förderungen. Sie studierte Elektrotechnik. Sie fand eine einmalige, nur ihren Fähigkeiten entsprechende, hochdotierte, höchst verantwortungsvolle Stelle, nachdem es für die Überqualifizierte zunächst nicht so gut ausgesehen hatte. Susanne wurde gefordert, und sie war überfordert. Nach einem Jahr Berufstätigkeit musste sie passen. Sie war psychisch nicht mehr in der Lage, den Anforderungen gerecht zu werden. Sie wurde arbeitslos und versucht heute über Therapien und psychosomatische Behandlungen wieder Boden unter die Füße zu kriegen. Den Boden, den die Eltern ihr früh entzogen haben?

Der Erfolg der Tochter wird zum persönlichen Schicksal der Mutter; und um nicht einseitig zu belasten, der Erfolg der Tochter wird zum Erfolg der Eltern. Erfolgreiche Töchter – sagt man – sind Vater-Töchter: Töchter, die besonders am Vater hängen, die der Vater seinerseits früh förderte. Wie Väter fördern und im Gegensatz dazu die Mütter, ist eine extra Studie wert. Beim Vater liegt vielleicht mehr das Interesse-Wecken, bei der Mutter die Dressur?

Die Tochter jedenfalls kann dem Auftrag auf Erfolg nicht ausweichen. Im Mutter-Tochter-Verhältnis kann die Tochter zur erweiterten Person der Mutter werden. Es ist leicht, die Tochter dorthin zu delegieren, wohin man sie haben möchte, ist erst einmal das Grundprinzip begriffen.

Einmal wird der Tochter dieser Erfolg abverlangt, den die Mutter selbst nie erreicht hätte: Die Tochter ist die ganz andere, von der Mutter nie erreichte Begabung. Die andere „Erfolgsstrategie" ist die Steigerung der mütterlichen begabten Persönlichkeit, die Tochter wird zur (unermüdlich) verbesserten Ausgabe. Die Klavierlehrerin formt die Tochter zur Konzertpianistin oder zur begnadeten Geigerin, die Landessportlerin macht die Tochter zur Olympiasiegerin usw. So wird die Tochter zur glücklichen (?) Fortsetzung der Mutter.

Woran Töchter leiden?

Julie Delpy: „Verstehen Sie mich nicht falsch, meine Eltern sind die nettesten Menschen, die man sich vorstellen kann. Beide sind Schauspieler ... Aber sie sind auch eine Art emotionaler Schwamm, sie saugen einen aus. Meine Mutter hatte mir dauernd erklärt, dass ich mit Musik mein Leben verplempere. Ich bin eine erwachsene Frau, aber gegenüber meiner Mutter fühle ich mich bis heute, als sei ich vier Jahre alt." Das äußert die Popsängerin und Schauspielerin Julie Delpy in einem Spiegel-Interview Heft 39/2003.

Heide Simonis, ehemalige Ministerpräsidentin des Landes Schleswig-Holstein, bedauert in einem großangelegten, ausführlichen und klugen Fernsehinterview die Nicht-Beziehung zu ihrer strengen, rigiden Mutter: Sie verlangte, dass ihre drei Mädchen, ihre Töchter, den Mund mit Seife ausspülen, wenn aus ihm hässliche Worte kamen. Trotz Tortur hat sich keine je den Mund verbieten lassen und es aufgegeben, hässliche Worte zu sagen ... Als die Sprache auf die unverstandene und nie bereinigte Beziehung zur Mutter kam, wird Heide Simonis leise und ihre Stimme wird brüchig. Nie habe sie die Mutter begreifen können, und vor allem schmerzt noch immer, wie schwer die Mutter gestorben ist, weil sie noch so am Leben hing und nicht sterben wollte. Ihre Mutter starb so ohne Würde. Heide Simonis weint. Im Fernsehinterview.

Ich möchte sehr vorsichtig darin sein, Krankheiten, psychische Defizite, Neurosen und andere Auffälligkeiten ausschließlich auf eine schwierige, lebensprägende Beziehung zur Mutter zurückzuführen oder der Mutter als alleiniger Verursacherin eine Schuld anzulasten. Meist wirken viele Verhältnisse von Beziehungen zusammen und vielerlei Faktoren spielen in das Gesamtbild mit hinein und sind am Gesamtergebnis beteiligt. Es hängt auch davon ab, inwieweit der Vater als Erzieher die Mutter doppelt und verstärkt oder konterkariert und Erziehungsstil und Ausrichtung aufhebt oder abschwächt. Und natürlich erziehen Familienangehörige, die Geschwister, die Großeltern, die Großmutter, Tanten und Onkel je nach Nähe mit und sind oft Verstärker. Auch die Veranlagung des Kindes und die genetische Ausstattung gibt einen großen Ausschlag, wie das Kind das Verhalten der Umgebung, Einfluss der Erziehung verarbeitet: als Unterstützung oder als Hemmung. Wenn Geschwister im Erwachsenenalter in späteren Jahren ihre Kindheit und Erziehung durchleuchten, kann deutlich werden, wie eindeutige Situationen verschieden erlebt wurden und unterschiedlichen Niederschlag gefunden haben: Der eine erlebte die Situation als Unterstützung und Stärkung während der oder die andere die selbe Geschichte als Kränkung und Schmerz erfahren haben kann.

Aber oft leiden sie lebenslang – und was noch am schlimmsten ist: Sie kriegen den Ballast nicht los, weil er ihnen nicht bewusst ist oder – weil sie nicht wissen, wo und wie mit einer Ablösung anfangen, weil sie den Mut nicht aufbringen, denn es schmerzt beide – Tochter und Mutter.

Natürlich können auch Mütter an ihren Töchtern leiden.

Wie geht eigentlich meine Tochter mit mir um?

Agnes Ö. berichtet über ihre Begegnung mit ihrer Tochter: Angesagt hatte sie sich zuerst nachmittags um vier Uhr. Dann wird es sechs Uhr. Der Abendessentisch ist gedeckt. Es ist alles heimelig. Es könnte schön werden.

Sie kommt ganz harmlos – immer kommt sie ganz harmlos – frisch, freundschaftlich, beschwingt, meine süße Tochter. Sie erzählt von ihrem Urlaub in Florenz, ihrem Sommersprachkurs, über Begegnungen – Männer – ihre Beziehungen. Wir stoßen ziemlich rasch auf Problem Nummer 1: Die Beziehungen, die nicht funktionieren. Es klappt nicht und auch nicht bei ihren Geschwistern. Was ich dazu sage, zu meinen großen, erwachsenen Kindern, die so alt und noch immer nicht in festen Händen, geschweige denn verheiratet wären, fragt sie mich.. Auch kein Enkelkind in Aussicht. Ja, was sage ich dazu?

Meine Tochter geht seit längerer Zeit schon zu einer Therapeutin. Wir stoßen immer wieder auf die Vergangenheit und führen „Aufarbeitungsgepräche". Wir kommen zu ihrer Persönlichkeit, zu ihren Defiziten, zu den Teilaspekten in ihrer Persönlichkeit. Wir diskutieren ihren teils erwachsenen, teilweise kindlichen Reifegrad. Ihre Persönlichkeit, die Persönlichkeitsanteile, die sie nicht zusammenkriegt. Ich argumentiere, dass jeder verschiedene Persönlichkeiten hat und lebt. Unterschiedliche Rollen, unterschiedlich entwickelte Fähigkeiten und Strategien zur Lebensbewältigung, auch unterschiedliche Antworten und Verhaltensweisen auf andere Menschen: Jeder spricht uns anders an. Wir nähern uns der Gefahrenzone, noch bin ich nicht gewarnt und noch unbefangen. Sie spricht von Persönlichkeitsspaltung. Sie sagt, bei der Rückführung bei ihrer Therapeutin (Rebirthing) habe in der Schwangerschaft zwischen ihr und ihrer Mutter – also zu mir – keinerlei Verbindung bestanden. Nie. Die Mutter – ich – war wie nicht vorhanden. Doch, korrigiert sie sich, die Mutter – also ich – war vorhanden als leichtlebiger Schmetterling, wie nicht recht von dieser Welt, unbedarft, verantwortungslos, nicht richtig da, nicht real, nicht erweckt. Und davon spricht sie, dass ihre Mutter – also ich – ihr die Persönlichkeit aus dem Leib geschlagen habe, täglich sei sie geprügelt worden und ihre Mutter habe ihr ihre Persönlichkeit aus dem Leib geschlagen, täglich ...

Wir sitzen beim Abendessen und der Weißwein schmeckt nicht mehr. Trotzdem trinke ich. Ich nehme es zunächst gelassen: Ich gehe damit um, wie wenn es mich nicht beträfe: Ich rede darüber und schiebe die Fakten hin und her – Puzzlesteinchen in unseren Leben. Ich wehre mich, komme aber nicht richtig bei ihr an. Ich sage, ich habe dich nicht täglich geschlagen. Ich werde gefragt, wie oft ich sie geschlagen hätte. Ich sage, ich habe keine Strichliste gemacht. Hat sie eine gemacht?

Sie bleibt nicht über Nacht, sie fährt wieder nach Hause.

Am nächsten Tag bin ich verletzt, erschrocken und ich wehre mich. Das stimmt nicht. Ich wehre mich gegen Sätze und Verbreitung wie, ich hätte sie täglich geschlagen. Ich wehre mich gegen Verleumdungen. Es war nicht alles in Ordnung, das weiß ich. Ich war heftig, das stimmt, aber so, wie sie es darstellt, war es nun wirklich auch nicht.

Ich biete ihr an, gemeinsam zur Therapeutin zu gehen, mit der sie das besprochen hat. Ich will klar stellen, ich will meinen Teil auf mich nehmen, ich will mich stellen.

Aber meine Tochter lehnt die Therapeutin als zu vertraut ab, ein neutraler Therapeut – ja.

Ich trage Schuld gewiss, aber ich sehe ihre verbissene Suche nach einem Schuldigen, der verantwortlich ist für ihren nicht ge-

lingenden Werdegang, ihr Schicksal, auf dessen Kosten man sich entlasten kann.

Angelika v. W., 58: Ich habe in der Unterhaltung mit meiner Tochter, sie ist 34, immer wieder ein so merkwürdiges Gefühl. Irgendwie kommt unsere Unterhaltung immer wieder in eine schräge Lage, als würde meine Tochter mich nicht ganz für voll nehmen. Sie hat eine Art Abwertung mir gegenüber, aber sehr latent, die ich irgendwie nicht recht greifen kann. Jedes Mal bin ich so verdutzt, will ich aber etwas sagen, ist die Unterhaltung schon weiter, und ich lasse es dann halt. Zum Beispiel fragt sie mich, ob ich mit dem und dem noch Kontakt habe, zum Beispiel zu Inge, meiner Ex-Schwägerin. Sage ich, ich habe mit Inge zur Zeit keinen Kontakt, dann liegt etwas Abschätziges in ihrer Reaktion, wie sie sich räuspert oder hm oder na ja macht, heißt es, als wollte sie sagen, na ja, ist ja auch klar, haben wir ja immer schon gewusst, dass Inge auf Kontakt mit dir keinen Wert legt ...

Sage ich jedoch, doch, Inge hat mich vor ein paar Tagen an Weihnachten besucht, dann heißt es: ach, wie nett, so nett von der Inge! Als hätte sie mir ein Almosen zukommen lassen. Als wäre es eine Gnade für mich, eine besondere Aufmerksamkeit, eine freundliche Herablassung, mir armen alten verkorksten Krücke diese Aufwartung zu machen ...

Brigitte L., 61: Meine Tochter wirft mir vor, ich hätte keine richtige Ausbildung, ich hätte kein gutes Auftreten – und wenn ich es genau betrachte, schämt sie sich wohl für mich ...

Im Grunde finde ich in meiner Tochter meine Mutter wieder, ich meine, ich höre meine Mutter! Nicht, dass meine Mutter dasselbe wortwörtlich gesagt hätte, aber so hat sie mir es bedeutet. Ein Leben lang hat sie mir bedeutet, dass ich nichts bin, nichts kann. Nun bin ich einundsechzig und muss weinen ...

Ausschnitte aus einem Brief und der dazugehörenden Antwort:

Frau Marianne F., 67, schreibt:

Dass es zwischen Müttern und Töchtern solche Schwierigkeiten gibt, macht mich traurig. Auch unsere heile Welt hat ihre Schattenseiten, und diese erlebe ich mit meiner Tochter. Sie verließ etwa mit 20 Jahren ihr Elternhaus weder im Zorn, noch im Streit, hatte bis dahin zwar als ein überaus eigenwilliger und impulsiver Mensch doch in normalen Familienverhältnissen mit uns zusammen gelebt. Sie heiratete, bekam einen Sohn, ohne dass wir davon unterrichtet wurden und hielt sich bis zu ihrer Scheidung nach zweijähriger Ehe von uns fern. Erst dann, erneut schwanger, kam sie auf uns zu und bat um Hilfe, die wir ihr auch gewährten. Wenn sie rief, ließ ich alles stehen und liegen und fuhr zu ihr. Wöchentlich war ich bei ihr, weil sie mit den zwei Kindern und ihrem Haushalt total überfordert war. Viele Freunde halfen ihr ebenfalls.

Sie war in einem Zustand der Lethargie und Antriebslosigkeit, aber trotzdem absolvierte sie eine Ausbildung als Heilpraktikerin und legte die Prüfung erfolgreich ab.

Ein erneuter Bruch kam, als wir ihren Vorstellungen nicht nachkamen, eine eigene Praxis zu finanzieren und zu unterhalten, während sie mit einem mittellosen Kompagnon jeweils zu Hause auf Anrufe potentieller Patienten wartete.

Darauf diese Rückantwort:

Sehr geehrte Frau F.,

Danke für Ihren Brief.

Die Entfremdung zwischen Ihnen und Ihrer Tochter geht soweit, dass ich keine Möglichkeit mehr sehe, wie sie zu überbrücken wäre. Vor allem sollten Sie die Schuldzuweisungen in aller Klarheit von sich fernhalten; Ihre Tochter ist für ihr – leider weitge-

hend verkrachtes – Leben wirklich selbst verantwortlich. Es mag hinzukommen, dass sie – wie ich vermute – als Einzelkind einerseits vielleicht verwöhnt und dadurch lebensunfähig wurde – andererseits aber auch sozial und emotional nicht voll entwickelt sein kann, wie es gerade Einzelkindern häufig geschieht. Und dass Ihre Tochter diese Mängel durch eine Therapie selbst aufzuarbeiten versucht, kann man nur wünschen. Aber wenn Sie es ihr vorschlagen, wird sie es wahrscheinlich wieder ablehnen.

Gibt es eine dritte Vertrauensperson, die ihr weiterhelfen könnte? Es gibt hervorragende Fachleute in Ihrer Nähe, die wahrscheinlich in einem solchen Fall noch helfen würden.

Für Sie heißt es aber, sich freizumachen und sich das Leben nicht durch die Lebensunfähigkeit dieser Frau überschatten oder gar zerstören zu lassen.

Mit vielen guten Wünschen.

V Die verführte Tochter

Der verstohlene Inzest

Wie schön ist es, wenn die kleine (und auch große!) Tochter sich dem Vater an den Hals werfen kann. Sie kuschelt sich an ihn, sitzt ihm vielleicht sogar auf dem Schoß, flüstert ihm ins Ohr und erzählt von heimlichen Wünschen und geheimem Kummer. Das sind ein paar Minuten, die es bei der Zeitknappheit der Väter selten gibt. Aber nicht nur die knappe Zeit verhindert einen solchen vertrauensvoll zärtlichen Kontakt zwischen Vater und Tochter, auch eine gewisse Scheu im Umgang mit der Tochter: Man weiß nicht so recht, wie mit der ursprünglich-spontanen Liebeszuwendung der Tochter umgegangen werden kann und soll. Diese Art von Tochterbeziehung gab es in seiner Familie, bei seinem Vater nicht. Zärtlichkeit war kein Wort und so naher Körperkontakt keine Möglichkeit in früheren Familien. Liebe und liebevolles Miteinandersein wurde in Strenge, Pflichtbewusstsein und allenfalls in einer liebevollen Fürsorge ausgedrückt. Vermutlich war aber Jahrhunderte gerade diese gewisse Spröde und Ablehnung im persönlich-körperlichen Umgang ein Bollwerk gegenüber väterlichen Versuchungen. Das NEIN im freien Umgang, das deutliche Verbot war ein Schutz vor Gelüsten und trennte Tochter und Vater grabenweit.

Wie wichtig die Beziehung der Tochter gerade zum Vater ist, ist uns allen klar. Er ist ihr erster Mann. Er schafft ihr die vielfältigsten Möglichkeiten, den Mann zu erproben. Der Vater wird zum ersten und unwiederbringlichen Lernfeld Mann. Und so entwickeln sich Mädchen oft zu besonders tüchtigen und auch unerschrockenen Frauen, die von sich sagen, sie seien Vatertöchter. Es sind Mädchen, deren Begabungen und Freiheitstendenzen Väter frühzeitig erkennen und deren Anlagen gefördert und gefordert werden.

Der innige Kontakt, Zärtlichkeit und Förderung ist unbestreitbar ein wunderschöner und für beide lebensinspirierender Austausch. Und doch liegt dicht dabei die Gefahr, dass Grenzen sich verwischen.

Allen Beziehungen zwischen Menschen liegen Gefühle zugrunde: Man mag jemanden oder man mag ihn nicht, Sympathie und Antipathie, man fühlt sich zu jemandem hingezogen. Man wird im tiefsten Inneren von glücklicher Verbundenheit geleitet, die noch nichts mit Erotik und Sexualität zu tun hat, sondern im weitesten Sinne eine sinnliche Erfahrung für den einzelnen ist. Man mag jemanden leiden, ihn gerne riechen, berühren und fühlen.

Die Lust des Vaters auf die Tochter

Die Tochter hat Phantasie, Ideen, Einfälle, auch Probleme und Widerstand und aber eben auch einen Körper, weiche Haut, frische Augen und glänzende Haare.

Die Lust auf die Tochter ist der väterliche Stolz auf ihr Können, ihren Witz, Intellekt, Sportlichkeit usw., aber der Vater ist auch stolz und hingezogen zu der körperlichen Schönheit der Tochter. Und hier könnte die bisher hingebungsvolle und souveräne Zärtlichkeit kippen oder langsam hinübergleiten in eine Beziehung, die mehr ist oder sein möchte. Eine erotische Spannung könnte sich beimischen, die vordergründig Einigkeit und Übereinstimmung ausstrahlt, aber in sich heimlich erotisiert – zumindest zunächst vom Vater aus – sein könnte. Man kennt sie ja auch, die überliebenswürdigen Väter: Sie gehen mit ihrer Tochter aus, lassen sich mit ihr bewundern, lesen ihr alles von den Augen ab, loben sie, ja überschütten ihr Mädchen mit Komplimenten, kaufen ihr den kürzesten Mini oder eine durchsichtigen Hauch von einem Sommer-Top ... Sie fühlen sich geschmeichelt beim Gedanken, die Tochter könnte die junge Freundin sein ... Noch ist es harmloses Spiel.

Seitdem das Bewusstsein der Öffentlichkeit für die Vergehen von Kindesmissbrauch geschärft wurde, wird mehr und mehr bekannt, wie viel Unglück und Leid bisher geschehen konnte. Die Dunkelziffer ist hoch. Die Ergebnisse und erfassten Zahlen sind ungenau, vielleicht übertrieben oder unterbewertet.

Auf der anderen Seite: Eine gewisse Hysterie und Übervorsicht macht sich breit. Mit anderen Worten: Statistiken, Erfassungen und Zahlen sind höchst ungewisse Aussagen. Sicher darf man davon ausgehen, dass sexueller Missbrauch von Kindern viel häufiger als angenommen geschieht. Der Strafrichter Axel Wendler, der dem Stuttgarter Förderverein Kobra angehört, geht davon aus, dass pro Schulklasse zwei Kinder sexuell missbraucht werden. Andere Quellen geben an, jedes vierte Kind sei davon betroffen.

Wie kann so etwas passieren? Wenn es der Vater ist, was ist das denn für ein Vater? Und wo bleibt die Mutter? Sieht sie nichts? Tut sie denn nichts?

Was diese Verführer betrifft, so kommen sie aus allen Schichten, allen Bildungsklassen. Es kann der Akademiker so gut wie der Arbeiter sein. Das soziale Milieu spielt keine so wesentliche Rolle, deutlicher aber die Persönlichkeitsstruktur. Die Verführer sind oft unreife und labil-schwache Personen, emotional entweder augenblicklich oder in ihrer Kindheit zu kurz gekommen. Möglicherweise oder sogar ziemlich sicher ist die emotionale und besonders die sexuelle Beziehung in der Ehe gestört: Die Ehefrau zeigt kein Interesse und zieht sich zurück. In seinen Augen ist sie frigide und verweigert ihm das, was ihm eigentlich zusteht. Die Schwäche der missglückten Werbung ist Frustration. Sie aber auszuhalten oder nach einer geeigneten und erwachsenen Kompensation zu suchen, ist nicht so leicht möglich. Die Demütigung ist zu groß.

Nach außen – und das gehört auch zu diesem Psychogramm – tritt er in allen Variationen auf: Der Bescheidene kann ebenso gut ein Verführervater sein wie der Intellektuell-Coole oder der

Macho-Männliche. Das Kriterium ist die eigene Triebfrustration, ein nicht ausgehaltener Verzicht und dann die Nähe der Tochter und ihre Verfügbarkeit. Alkohol, Pornos oder Größenwahnideen auf der einen Seite, die Verweigerung der erwachsenen Partnerin auf der anderen und starker Triebdruck – auch der lockere und freie Umgang mit der Tochter lassen den Vater unter Umständen zum Verführer werden. Die Hemmschwelle ist oft gering. Und das frische, halberblühte Mädchen lockt.

Bemerkt die Mutter denn gar nichts? Möglicherweise fällt ihr die Erotisierung der Beziehung zwischen Vater und Tochter nicht auf. Sie wertet das Verhältnis als eine besonders inniges, ganz normales Vater-Tochter-Verhältnis. Es stimmt doch alles, oder? Möglicherweise ist sie sich aber doch nicht ganz so sicher, ein kleines unangenehmes Gefühl beschleicht sie, aber es ist zu wenig deutlich, um etwas zu sagen oder möglicherweise sagt sie etwas, bemängelt, wehrt sich, wird aber dann ausgelacht und bezichtigt, neidisch, bösartig und verrückt zu sein. Sie hat kaum eine Chance, denn sie spürt schon eine Vater-Tochter-Front.

Die Tochter ist leicht wach gemacht und schnell verführt. Sie ist zu jung, um gedanklich zu verarbeiten, weiß aber um ihre Wirkung. Sie setzt sie ein, sie weiß, wie sie den Vater geschickt um den Finger wickelt und die Mutter austrickst oder an die Wand spielt. Eine Erfahrung, die ihr bleibt und sie für spätere Männerbeziehungen eine falsche Akzentuierung lehrt. Diese „Lehre" ist nicht so harmlos wie sie scheint.

Die dramatische inzestuöse Beziehung beginnt verstohlen und muss heimlich bleiben. Unter dem Deckmantel der absoluten und tödlichen Verschwiegenheit findet Unglaubliches statt. Die Mutter sieht nicht und will nicht sehen und wenn es noch so deutlich wäre. Ihr inneres Entsetzen ist so groß, dass das, was sich hier abspielt, kaum sichtbar und doch offensichtlich, einfach nicht sein kann. Alle Anzeichen münzt sie um, alle Überlegungen schlägt sie nieder. So groß ist ihre Angst, ihre Scham und Ohnmacht, dass sie alles tut, um vor sich selbst zu vertuschen. Sie will das nicht wahrhaben! Ihre eigene Weiblichkeit fühlt sich verraten – ihre eigene Tochter mit ihrem eigenen Mann!

Alle diese Gefühle vermischen sich in ein ohnmächtiges und die eigenen Regungen unterdrückendes Entsetzen. Wohin sollte sie sich wenden? Was wird sein, wenn das publik wird? Was wird aus der Familie? Und wer wird ihr überhaupt glauben? Und welches Spießrutenlaufen wird in der Umgebung stattfinden? Was werden die Nachbarn sagen? Und gewiss wird sich alle Welt gegen sie empören!

Aus diesem Grund schweigen die Betroffenen. Rohe Strafandrohungen treiben noch zusätzlich zu einem „Familienzusammenhalt“. Gewalt und Repressalien machen alle verstummen, die Luft ist tödlich.

Anna L. erfährt mit 14 Jahren, dass ihre Schwester ihre Mutter ist. Ihre Schwester lebt immer noch bei der Familie, im gleichen Haus, ist inzwischen verheiratet, hat einen kleinen Sohn.

Wie sie das erfahren hat? Oder besser erfahren musste? Ihr Vater war in der letzten Zeit so etwas merkwürdig, auffallend freundlich und immer dort zugegen, wo sie war. Schließlich, ziemlich betrunken, machte er sich an Anna ran und versuchte sie sexuell zu zwingen. Anna konnte sich wehren und rettete sich in die Wohnung ihrer Schwester. Das Brüllen des Vaters: „Wieso, denn nicht, du Zicke, das hat deine Schwester doch auch gemacht!“ Das war der Anfang eines erschütternden Geständnisses.

Anna L. hat es leichter als ihre Mutterschwester: Sie lebt in einer anderen hellhörigeren Zeit. Die brutalen Drohungen, dicht zu halten, greifen bei ihr nicht. Und sie weiß eine Stelle – das wurde oft genug in der Schule besprochen – wohin sich Mädchen in dieser Not wenden können. Und schließlich weiß sie auch ihre Schwester, die ihre Mutter ist, hinter sich.

Lockvogel Tochter

Dieses kleine Mädchen kennen wir sicher alle: Sie dreht sich in weichen Bewegungen und tanzt ein bisschen auf Hotelterrassen, zwischen den Tischen des Cafés, durch Gasthausräume. Sie wirft die Haare, zupft an den Locken, streicht das Kleid, hebt die Ärmchen kreiselnd und tänzelnd, lockt mit einem schelmischen Blick, kess prüft sie ihre Wirkung, alles verstohlen und herausfordernd zugleich. Die charmante Kleine ist noch unerweckt und weiß doch schon alles. Ihr Charme ist diese so unschuldig-kindliche Anziehungskraft und diese gleichzeitig schon hintergründige Raffinesse: eine noch unbewusste und doch schon deutlich wirksam eingesetzte Verführungskunst. Diese Mischung rührt uns: Die kindliche Anmut, das Halbbewusste, diese kleine erotische Geschmeidigkeit, auch die Hübschheit, das Natürliche und doch schon Künstliche, das uns elektrisiert und signalisiert: Hier kam ein kleines Mädchen sehr früh an weibliche Waffen.

Spontan wird man wissen wollen, wie und wer die Mutter ist. Man sieht sich um und sucht bis man die Gestalterin der kleinen hübschen, verführerischen Tänzerin gefunden hat. Man wird aufmerksam für die Mutter, man lächelt ihr anerkennend zu oder prüft sie verstohlen-kritisch, je nach Einstellung zu diesem Phänomen.

Diese geschilderte Variante zum Thema Lockvogel Tochter ist sicher die harmlosere Form. Die kleinen Mädchen als Vorführobjekte, Aushängeschild, Püppchen und das Vorzeigepferdchen ist weit verbreitet, ist eigentlich normal.

Ist es das eigentlich wirklich?

Natürlich – ist es normal. Die kleinen Mädchen spielen doch gerne mit, die Gesellschaft ist erfreut, man sieht dem doch gerne zu – es ist eben das Weibliche, das schon im kleinen Mädchen steckt.

Interessant ist, dass die Tochter als Lockvogel immer auch erotisch wirkt. Die Mutter steckt sie in ein Kleidchen mit Spitzen oder

Volants, bindet ihr Schleifen ins Haar, schmückt sie mit Spangen, Haarreifen, Kettchen und vielleicht ein bisschen von Mutters lieblichem Parfüm. Die Mutter freut sich an der Hübschheit, sie reizt die Tochter sich zu drehen, zu wenden, zu bespiegeln. Sie weckt die Weiblichkeit in ihrer Tochter. Und ihre Tochter erlebt, dass diese Art der Bewegung und des Verhaltens Aufmerksamkeit und Erfolg, einen Zuneigungsvorschuss und Erfüllung von Wünschen mit sich bringt. Sie erlebt, dass sie die Herzen öffnet, dass sie beachtet wird.

Auch die Mutter wird beachtet. Man blickt sich nach ihr um. Indem die Tochter sich so hübsch, verführerisch und verlockend zeigt, ist es vielleicht auch die Mutter? Immer ist bei dieser Form von Lockvogeltochter die erotische Färbung: als wäre die Tochter ein von der Mutter nach außen verlegtes Stimulans. Die Mutter delegiert ihre Erotik auf die Tochter. Sie spiegelt sich in der Weiblichkeit der Tochter. Ihr Erfolg ist der Erfolg der Mutter und ein Erfolg für die Mutter.

Die Gesellschaft toleriert oder anders, sie findet nichts dabei. Mädchen sind nun einmal immer schon Vorführ- und Schauobjekte gewesen. Nur so, konnte man sie auf dem (Heirats-)Markt anbieten und „verkaufen".

Die Schwierigkeit liegt nun nicht nur darin, dass das kleine Mädchen sich vorzeigt und Erfolge daraus ziehen lernt, sondern liegt darin, dass über eine harmlose Hübschheit hinaus auch noch andere Tricks eingesetzt werden, nämlich der frühe Umgang mit weiblicher Erotik. Das Mädchen lernt schon eine Richtung von späterem Rollenverhalten, wird schon einseitig festgelegt, wird sich schon fremd und muss schon andere mögliche Qualitäten in sich vernachlässigen.

Exhibierte Töchter

Die deutlicheren Formen von der Tochter als Lockvogel, die uns entsetzen, sind diese aus dem Bereich Pornographie – Prostitution. Die Weiblichkeit der Tochter wird zum Verkauf angeboten. Die Tochter wird zum eindeutigen Gebrauchsgegenstand für die Mutter.

Die noch harmlose Form ist die Mutter, die sich in den Bewerberscharen um die Tochter sonnt. Dass die Tochter sich vor Jungen kaum retten kann und jeden Abend beinahe mit einem anderen unterwegs ist, das stört die Mutter kaum. In Gegenteil, sie bewundert, unterstützt die Tochter, seufzt: *„Wenn ich noch einmal so jung wäre, würde ich es auch so machen. Aber zu meiner Zeit war das ja nicht möglich!"* Die Eskapaden der Tochter werden zu denen der Mutter, als ob sie entgangene Chancen und entgangene Liebe mittels der Tochter wieder oder überhaupt erst für sich lebendig machen könnte. Diese Mütter phantasieren sich in die Wirklichkeit der Töchter hinein und erleben sich über die Tochter als Erfolgreiche und Beliebte.

Anders die Mütter, die einen Schritt weiter gehen. Und nicht nur einen Schritt. Sie agieren bewusst für die Tochter. Sie offerieren die Tochter bewusst am Männermarkt.

Nicole S. ist eine dieser Mütter. Sie ist eine dieser sorglos-unausgefüllten Frauen, die sich fast alles leisten können, eine der attraktiven, immer gebräunten Tennisspielerinnen mit dem Hang zu Boutiquen, die zumindest die Familienfäden in der Hand haben wollen. Nicole S. ist 38, und Corinna ist ihre 18-jährige Tochter. Sie hat sich in den Kopf gesetzt, den ersten Liebhaber für ihre Tochter zu finden. Sie will das Beste für ihre Tochter: Per Inserat sucht sie einen erfahrenen, zärtlichen, niveauvollen Mann, der die Tochter in die ersten Intimkenntnisse einführen soll. Zugespitzt gesagt, bestimmt die Mutter den Liebhaber, den Ort und Zeitpunkt der Ent-

jungferung ihrer Tochter. „Ihr sollen all diese schrecklichen, schlechten Erfahrungen erspart bleiben, die ich damals hatte“, vertritt sie entschieden.

Es wird dabei nicht nur verkapptes sexuelles Interesse der Mutter deutlich, auch eine gewisse voyeuristische Haltung, ein sexuelles Erleben über die Sexualität der Tochter, als gälten die Liebesbeweise und Zärtlichkeiten eigentlich ihr, der Mutter – ja und wenn man dies Vorhaben der Mutter weiter verfolgt, erfährt man, dass sie schließlich diesen per Inserat gefundenen Liebhaber für sich selbst beansprucht und ihn skrupellos ihrer Tochter ausspannt.

Vermarktete Mädchen

Die Mutter schickt die Tochter auf den Strich, die Mutter zeigt der Tochter sexuelles Know-how und schließlich sind es *auch Mütter*, die nicht nur dulden, sondern zulassen und sogar heftig betreiben, dass ihre Kindertöchter zur Pornographie missbraucht werden.

Das ist vielleicht die grausamste, abscheulichste und perverseste Art, die eigene Tochter fertig zu machen, sie zu überwältigen, sich an ihr und mit ihr auszuleben, ohne dass das Mädchen eine Chance hat, sich dagegen zu wehren. Möglicherweise beginnt diese Einstellung schon, wenn eine Mutter ihre hübsche Tochter in einen sexy Bikini zwingt. Sie zwingt sie mit Verlockungen und Beschwörungen, sie sei doch so hübsch darin, habe eine so süße Figur, warum wolle sie sich denn nicht zeigen, nein, sie die Mutter kaufe keinen anderen, nur diesen.

Irgendwann verwischen sich die Grenzen immer mehr bis hin zu den extremsten Verhältnissen, die allerdings nur manchmal ans Licht kommen. Die Dunkelziffer ist hoch und die Decke der Verschleierung ist dicht.

Das Mädchen wird zum Objekt, zu einem Gebrauchsgegenstand für die Mutter, verfügbar und manipulierbar. Es geht so weit, dass

Mädchen in Indien und China pränatal oder postnatal kurzerhand umgebracht werden. Sie sind nichts wert, sie kosten nur: Kleidung, Ernährung und eine für die Familie nicht zu erbringende Summe an Aussteuer. Sie bringen nichts ein und werden nur für einen zukünftigen Mann groß gezogen, dem man sie auch noch teuer verkaufen muss. Besser man tötet sie rechtzeitig ... Und auch hier sind ja Mütter mitbeteiligt.

Die Mütter der Ethnogruppen, die ihre Töchter zum Betteln und Stehlen anhalten und einweisen, sind nur scheinbar frei vom sexuellen Marktwert der Tochter. Zunächst einmal treibt Armut und Hunger sie zum Betteln. Aber es ist auch ein relativ leichter Weg, hat lange Tradition und arbeitet mit weiblichen Waffen: Die kleinen Töchter mit ihrer kindlichen oder aufblühenden Anmut kletten sich mit großen, erwartungsvollen, hilflosen Augen leichter an die Geldgeber und Geldgeberinnen. Die Mutter lehrt sie die mitleidsvollen und armseligen Bewegungen und Blicke. Sie werden getrimmt auf die seit Generationen immer gleichen Leistungen der Frau: Sich über weibliche Qualitäten anzubieten: Hilflosigkeit und Anmut, Armseligkeit und Hübschheit, Mitleid und Hartnäckigkeit, Demut und Herausforderung.

Es liegt die erotische Komponente nahe: Arme Frauen aus diesen Gruppen bieten schließlich auch den Körper ihres Mädchens an: Südamerikanische Mütter ebenso wie asiatische oder Roma-Frauen. Der Weg aus Armut und Misere ist immer noch der Körper der Frau. Er scheint der einfachste, weil eine andere Leistungsfähigkeit aufgrund der Gesellschaftsordnung dieser Länder oder Gruppen nicht möglich und realisierbar ist und für Frauen ein anderer auch kaum vorstellbar. Und Not und Kampf ums Überleben der ganzen Familie rechtfertigt sozusagen, die Tochter anzubieten und „umzumünzen".

Was für eine Mutter ist das? Wie denkt sie? Was erlebt sie? Wie kommt sie dazu?

Mütter, die ihre Töchter anbieten, gewinnen immer irgendetwas für sich. Der Gewinn kann materieller oder ideeller Art sein. Die Tochter lebt die unausgelebten, verdrängten Gefühle der Mutter. In der Bikinischönheit der Tochter kann sich die Mutter wiederbegegnen als eine anreizende, sexuell-stimulierende Frau. Die Mutter erlebt die Tochter als ihr junges Ich, als ihre eigenen Möglichkeiten: Ihre Phantasien trennen so wenig zwischen der realen Persönlichkeit der Tochter und ihrem eigenen Selbst, dass sie Erfolg, Männerblicke und Angebote, als ihren eigenen Erfolg wertet und ihr unausgefülltes persönliches Begehren auf Attraktivität, Wirkung und sexuellen Kontakt, irreal zwar und trotzdem voll erfüllt sieht. Die Tochter weckt wieder den Wunsch nach eigenen sexuellen Gefühlen. Und dass nach wie vor – auch in unserer Gesellschaft – die Frau biologisch definiert wird, die Frau nach ihrer Bereitschaft zum Gebären und nach der Qualität ihres Körpers gewertet wird, liegt die Verkoppelung von Gefühlen nahe.

Diese Einstellung, dieses Denken, das ich nicht Denken nennen möchte, sondern eher eine Anhäufung von triebhaften, unreflektierten und aufsaugenden Emotionen, kann sich steigern bis hin zu perverser Lust und/oder materiellem Gewinn. Die Mutter, die Pornostreifen mit ihrer Tochter zulässt, die mit dabei ist, wenn ihre Tochter bei sexuellen Spielen gefilmt wird, die sich die Videos anschaut und sie mit Gewinn für viel Geld verkauft, muss eine Egomanin sein. Krank, gehemmt und enthemmt gleichzeitig. Der langsame Seelentod ihrer Tochter kümmert sie nicht, im Gegenteil, das steigert die höchstpersönliche Lust. Das ganz Dunkle, Verbotene, die Abhängigkeit, das Elend und die Qual der Tochter, befriedigt diese Mutter und – es bringt Geld.

Was für ein Mensch – ?

Tochter Zum Kauf Angeboten

Vero Beach (AP) – Ihr eigenes Kind hat eine 23jährige Mutter in Florida verkaufen wollen, um so an Geld für die Kaution ihres Wegen Raubes inhaftierten Freundes zu gelangen. Die junge Frau wurde nach Angaben der Polizei im amerikanischen Vero Beach in Gewahrsam genommen, nachdem sie die zweijährige Tochter für 10 000 Dollar (umgerechnet 15 500 Mark) an die Leiterin einer privaten Kindertagesstätte abtreten wollte.
„Ihre Hauptsorge galt dem Freund im Gefängnis, nicht dem Kind", sagte der ermittelnde Polizeibeamte Ray Parker.
„Das Kind weinte immerzu."

Dieses Kind ist immerhin noch eine Pressemitteilung wert. Aufgemacht wie eine Todesanzeige (Sonntag Aktuell vom 17. Juli 1994) lässt die Tatsache, dass eine Mutter ihr Kind verkauft, uns kurz erschrecken. Amerika ist schon fast Europa und so nah bei uns.

Über die vielen Aktionen und Heimlichkeiten im Zusammenhang mit wilden Adoptionen aus der Dritten Welt denken wir kaum noch nach. Mütter der südamerikanischen Favelas verkaufen ihre Kinder an Menschenhändler und Menschenhändlerinnen: Anonym und billig. Mütter entlasten sich von Druck, europäische Eltern finden ihr Babyglück und Zwischenhändler machen Profit: eine moderne Version der Kinderlieblosigkeit mittelalterlicher Zeiten?

Das Kind weinte immerzu – und wir? Weinen wir nicht?

VI Ablösung voneinander

Im Dom von Bardowick, Niedersachsen, fand ich ein Faltblatt der evangelisch-lutherischen Gemeinde, orangefarben und leuchtend, mit folgendem Inhalt:

> Wir wollen uns selbst als Kinder unserer Mütter sehen, aber auch als Mütter unserer Kinder. Wir wollen uns mit der Herkunftsfamilie auseinandersetzen, mit den Leitbildern, die wir mitbekommen haben, wie stark sie uns geprägt haben, und was wir bereit sind, an die nächste Generation weiterzugeben. Wir wollen lernen, mit den Gefühlen der Liebe und des Hasses umzugehen, Vermeidung von Schuldzuweisungen üben und frei werden für ein partnerschaftliches Mutter-Kind-Verhältnis.

Das war ein Text, mir aus der Seele gesprochen!

Eine Auseinandersetzung der Mutter-Kind-Beziehung, die offen, vielleicht auch schonungslos, aber in Verbundenheit geführt werden soll. Ein Anliegen, das ja mit diesem Buch angeregt und erfüllt werden möchte!

Von der Nähe zu wachsender Distanz

Echte, wirkliche Nähe ist lebendig und freudig. Die neurotische Nähe ist unlebendig und starr. Eine wirkliche Nähe schafft immer wieder neue Verhaltensformen und Einstellungen zueinander. Neurotische Nähe wiederholt ständig fixierte Verhaltensmuster. Nähe bereichert und beschwingt, neurotische Nähe verbraucht permanent gute Gefühle bis auf den letzten Rest.

Die Nähe zur Mutter ist zunächst eine lebensnotwendige: das Einssein zum Überleben. Für jedes Geschlecht – Junge wie Mädchen. Die meisten Jungen haben ihre eigene Art, die für sie lästige und vielleicht zu indiskrete Anteilnahme der Mutter abzuwimmeln und sich abzuschotten. Und was Wäsche und Zimmeraufräumen und Putzen angeht, gehen sie mit Leichtigkeit darüber hinweg, genießen und machen es sich bequem!

Besonders die Tochter will und muss sich aus diesem Zweierverbund von Erwartungen und Anforderungen herausentwickeln. Aber was, wenn sie das nicht darf? Die Mutter lässt das nicht zu. Sie, die Tochter, schafft es nicht, kann es nicht, weil sie immer wieder von der Mutter zurückgeholt und eingeholt wird.

Warum ist es so schwer sich aus dem Verbund zu lösen? Was befürchten wir, was ängstigt uns? Es ist sicher mehr als das christliche Gebot: *Du sollst Vater und Mutter ehren.*

Der mögliche Verlust ist der Verlust von Nähe. Es wird zur existentiellen Angst, zunächst um Verlust von Nahrung und Versorgung, dann vor Verlust der Symbiose: Der tiefste, letzte, verlässlichste Halt in dieser Welt, die liebende Bastion, könnte uns verloren gehen! Distanz und Trennung wird als lebensbedrohlich empfunden wie eine durchtrennte Nabelschnur oder ein herausoperiertes Herz. Ohne die andere, da sind wir sicher, können wir bestimmt nicht weiterleben, sind wir schutzlos allein und der Welt ausgeliefert.

Jessika P., 17: klagt über eine Mutter, die alles wissen und erfahren will. Alles fragt sie aus ihr heraus, als wollte sie unter Jessikas Haut schlüpfen. Und Jessika traut sich nicht, ihrer Mutter die Antworten zu verweigern. Sie bringt es einfach nicht fertig, zu sagen: „Du, Mammi, das will ich dir nicht erzählen!" Stattdessen erfindet sie tausend Geschichten. Unwesentliche Begebenheiten tischt sie auf, wer was angehabt hat, wo es was zu essen gab, welche Ideen andere für die Zukunft hätten.

Mit Erfolg! Mutter stürzt sich auf die Brocken, ihre Gedanken kreisen um andere und anderes, und sie lässt von der Tochter ab. Das Gespräch ist „ausgelagert“. Das, was die Tochter beschäftigen könnte, vergisst die Mutter darüber. Auf das Wesentliche, was es wert wäre zu besprechen, kommen die beiden nicht. Und auch nicht dazu, zu ertragen, dass es töchterliche „Geheimnisse“ geben darf, was für beide eine erwachsene Abgrenzung voneinander bedeuten könnte. Etwas Unaufrichtiges greift Platz.

Die Pubertät ist der erste Kampfplatz zwischen Mutter und Tochter.

Aber der Kampf, scheint mir, geht mehr um Äußerlichkeiten: um Taschengeld, um Ausgehzeiten, ums Rauchen und Schminken, um den ersten Freund usw. Es sind die Kämpfe um äußere Freiheiten. Vor einem endgültigen Aussteigen aus der Beziehung zur Mutter zuckt die Tochter zurück, es wäre überhaupt ein Sich-Trennen vom Elternhaus, ein Bruch, ein Schnitt. Das kann sich die Tochter (noch) nicht leisten, dafür ist sie immer noch finanziell viel zu abhängig und emotional gebunden. Also greift sie vielleicht zum extremen Protest: Sie tut alles dagegen. In tausend Einfällen ist sie gerade so absolut anders, wie die Mutter es sicher gerade nicht will. Wenn beide – Mutter und Tochter – aufeinander treffen, herrscht Spannung zum Platzen – man braucht noch nicht einmal mehr etwas zu sagen. Der Tochterblick auf dieses Etwas von einer Mutter ist vernichtend: der Was-dich-gibt-es-immer-noch-Blick mit den Wie-ich-dich-hasse-Augen.

Trotz aller gegenseitigen Protestaktionen: Die Verklammerung bleibt. Die Mutter lässt die Tochter nicht los. Die Tochter schafft vielleicht eine äußere Freiheit. Die innere Gebundenheit aber bleibt.

Der Anspruch der „inneren“ Mutter

Die Ansprüche der realen Mutter treffen in der Tochter auf die „innere Mutter“. Das heißt, Töchter haben die Mutter, ihr Verhalten, ihr Recht auf Anspruch auf sie, die Töchter, verinnerlicht.

Wie vielen ist es schon so gegangen, dass gerade dieser Satz, den man als Kind bei der Mutter so gehasst hat, gerade dieser selbe Satz in der selben Situation beim eigenen Kind einem entfährt. Fast möchte man erschrocken den Mund schnell schließen, aber er ist schon draußen, dieser unglückselige, verhasste Satz.

Oder man ertappt sich Verhaltensweisen gerade so wie die Mutter:

Dietlinde H., 53: Gerade so hat sie damals Abreisen immer so verzögert, wie ich es heute auch versuche. Ich ertappe mich in Handlungen wie meine Mutter. Der Automatismus der selben Sätze, Reaktionen und Verhaltensweisen erschreckt zutiefst. Und ich stelle fest, dass noch viel unreflektierte „Mutter“ in mir ist. Es ist eine Nähe, die mich unglücklich macht. Im Grunde habe ich gedacht, dass ich sie überwunden habe.

Möglicherweise taucht die Nähe der Mutter und eine unreflektierte Dichte erst in späteren Jahren wieder auf. Mit den eigenen Kindern und ihrer Erziehung werden Erinnerungen wach: Die Auseinandersetzung mit den Kindern, vorne dran mit der Tochter, treibt die Sache voran.

Vielleicht wird dies zur ersten wirklichen Chance einer Ablösung von der Mutter und einer Besinnung auf das Eigentliche in uns selbst. „Wo stehe ich? Wie vertrete ich das, was ich gut finde? Inwieweit wiederhole ich meine Mutter in mir? Was lasse ich an Spielregeln der Mutter (immer noch) zu? Und welche Spielregeln schaffe ich neu?“

Die Fragen nach der äußeren und der inneren Freiheit von der Mutter reißen auch im späteren Lebensalter nicht ab, eher im Gegenteil: Sie tauchen noch einmal vehement auf.

Dann nämlich, wenn die Mutter alleine lebt, ihren Lebensinhalt verloren hat oder umändern sollte. Mag sein, der Verlust des Lebenspartners und/oder des Berufs, der Umzug oder eine Krankheit verändern die Lebenswelt der Mutter so, dass sie Anlehnung, Geborgenheit und Unterstützung bei der Tochter sucht. Das wird die Tochter vermutlich auch gerne leisten, gleichzeitig wird es für die Tochter möglicherweise eine Gratwanderung zwischen den Ansprüchen der Mutter und den eigenen.

Monika L., 57, Lehrerin und Rektorin, keine Kinder, lebt im Moment alleine. Das Telefon klingelt: Sonntag, 11.00 Uhr. Sie weiß, wer es ist. Sie wäre am liebsten fort, wie letzten Sonntag. Sie quält sich im Bett: Drangehen oder nicht? Letzten Sonntag konnte sie dem obligaten Mutteranruf entgehen, weil sie einfach nicht da war. Mit einer Kollegin hatte sie eine Wochenendtour unternommen. „Einfach so, ohne mir das rechtzeitig zu sagen?", war der Vorwurf der Mutter. Spät nachts noch rief die Mutter an, voller Anklagen: „Warum bist du denn nicht da, wenn ich anrufe", klagt die Mutter, „du bist doch die Einzige, mit der ich noch reden kann!" Wo sie sich doch so aufs Gespräch mit der Tochter freue, wo sie doch so allein sei, jetzt ... Andere Töchter riefen mindestens jeden zweiten Tag an, ja, manche besuchten ihre Mutter täglich, wo sie ihre Tochter doch so brauche, und schließlich sei sie immer für ihre Tochter da gewesen, früher ... aber Dankbarkeit kenne sie ja nicht und so weiter.

Es wollten Monika keine Rechtfertigungen einfallen, sie kam sich komisch vor. Sie will ihrer Mutter sagen, dass sie dieses sonntägliche Telefonmuss nicht mehr ausstehen kann, sie will ihr sagen, dass sie ihr nichts sagen will, dass sie im Moment überhaupt kein Telefongespräch mit der Mutter will ...

Sie sagt alles nicht. Sie will die Mutter nicht kränken. Die Mutter erkennt die missliebige Stimmung, fragt, ob es ihr denn nicht gut gehe. Monika beschwichtigt. Sie weicht aus in harmlose Belanglosigkeiten. Fadenscheiniges Gespräch tritt anstelle echter Kommunikation. Vielleicht entschuldigt sich die Tochter, dass sie so schnell nicht am Telefon war, weil sie noch müde im Bett gelegen hatte, weil sie bis gestern spät noch korrigieren musste, anstatt zu sagen, dass sie gestern mit Hermann, einer Neuerwerbung, zum Essen aus war und deshalb noch ein bisschen verpennt ist und dass ihr das Telefongespräch gerade augenblicklich nicht recht ist – eben aus diesem Grund. So wird das Gespräch unecht, steif und hülsenhaft. Die Mutter merkt's: Ob sie etwas falsch gemacht hätte, ach, immer sei die Tochter so empfindlich. Nein, nein, es sei schon alles in Ordnung, sie sei halt nur noch müde, sagt die Tochter. Mit Ratschlägen gegen Kater, zu Lebensweise für Junggesellinnen und mit Muntermachern endet die Mutter das Sonntagsgespräch. Zurück bleibt eine hilflose Tochter.

Warum ist diese Tochter trotz ihres deutlichen Erwachsenseins so hilflos? Warum kann sie sich nicht wehren? Oder besser, warum sind die Verhältnisse so im Ungleichgewicht? Wann wird der Übergriff der Mutter zu stark und – darf man sich überhaupt verweigern? Und wenn ich Mutternähe dosieren will, wie kann ich dies tun, schließlich ist sie ja doch meine Mutter? Wieviel darf sich die Mutter von mir nehmen, oder wieviel lasse ich zu?

Die Nähe der Mutter in uns muss reflektiert werden. Die selbstverständliche mütterliche Erwartung an Zeit und Opferbereitschaft der Tochter, der oft ständige Appell, muss überdacht werden. Eigene Lösungen und eigene Antworten müssen gefunden werden, wenn die Beziehung zur Mutter eine lebendige bleiben oder werden soll.

Ich will ich sein: der Tochtertrotz

Eine so dichte, ungeklärte Beziehung wie zwischen Mutter und Tochter muss zwangsläufig eine hochexplosive werden. Weil die Mutter nichts ändern muss und möchte, muss Tochtertrotz stattfinden können, so schmerzhaft er für alle ist.

Abgrenzung gegen einander muss ausgetragen werden: Das Klammern, sich Wehren und Sich-nicht-lassen-können, das Sich-gegenseitige-Verfügen und der Widerstand. Gerade in dieser Beziehung zwischen Mutter und Tochter muss sich ein ganzer Satz Sprengstoff entladen dürfen, muss das Machtgefüge manchmal hart auseinandergesprengt werden, müssen manchmal Gefühle „zerbombt" werden, weil andere Einstellungen, Achtung voreinander manchmal nur so wieder wachsen können.

Meistens ist es die Tochter, die sich wie rasend wehrt – das kann schon früh beginnen: Es gibt drei- oder vierjährige kleine Mädchen, die immer wieder irgendwohin entlaufen. Irgendwo in der Nachbarschaft tauchen sie fröhlich auf oder unter, bis man schließlich herausfindet, wohin das Kind gehört oder die entnervte Mutter sich bemerkbar macht. Die zieht ihr Kind überfroh, aber gleichzeitig wütend bis an den Rand, nach Hause. Die Kleine reißt aber voller Abenteuerlust immer wieder aus. Das erste Anzeichen, dass zuhause irgendetwas nicht stimmt.

Immer dann haben auch die kleinen Töchter schon Argumente zur Hand, Antisätze gegen die als rigid empfundenen Meinungen der Mutter. Die Wehr der kleinen Tochter erkennt schon den ganz persönlichen Machtkampf zwischen Frau und Frau. Denn natürlich weiß die Mutter um Trotzphasen und altersgemäße Ausbrüche. Um den klassischen Trotzphasen richtig zu begegnen, hat die kluge, moderne Mutter ja schon jede Menge Literatur gelesen und weiß sich zu verhalten. Das, was hier sich abspielt, ist die Auseinandersetzung von Frauenemotionalität: Das ganze Paket von Gefühlen, wie Sich-Besitzen und Zueinandergehören, Sich-Verlassen, tiefe Ängste und Triebe.

Sandra van W., 41, zitiert ihre kleine Tochter: „Wenn ich aber mal später eine Tochter habe, dann darf sie Nylonstrümpfe anziehen und in die Stadt gehen, wann sie will“, schreit mir meine kleine 9-jährige Tochter mit dem schrecklichsten Hass, über den sie verfügen kann, mit den heftigsten Tränen, entgegen. Ich habe ihr verboten, mit ihrer Freundin in die Stadt zu gehen, und ich habe ihr verboten, mit Nylonstrümpfen, dem Zeichen von Erwachsensein, in die Stadt zu gehen. Ihre Freundin Eva ist zwar Klassenkameradin, für meine Begriffe aber nicht der rechte Umgang für meine behütete Kleine. Eva ist Einzelkind und oft sich selbst überlassen, zuhause hat sie schon so manches erlebt, sie wird einen schrecklichen Einfluss auf mein kleines behütetes Mädchen nehmen! Das will ich nicht, die Kindheit meiner Tochter soll nicht mit Nylonstrümpfen, früh-sexuellen Erlebnissen in der Stadt, in einem Kaufhaus verdorben werden!

Im Nachhinein empfinde ich mich selbst als stur und überstreng. Der Einfluss der Freundin, stellt sich später heraus, war so groß nicht. Aber die eigene Tochter war immer und schon früh an Abenteuern interessiert. Ich aber konnte mich gegen die für meine Begriffe zu frühen Wünsche meiner Tochter, auch aus Angst vor Erziehungsversagen und Tochterübermacht (wo kommen wir denn hin, wenn ich ihr alles erlaube!) nicht anders verhalten als mit engen Verboten und starren Argumenten.

Hass und Liebe wechseln die Fronten

Sie kämpfen hoch-zugespitzt und kontrovers. Vernichtende Blicke und auch die Gegenwart der anderen, und die ganze Vehemenz der Gefühle taucht auf. Der Zustand ist unerträglich, beide leiden,

Negativgefühle verselbständigen sich, bald wissen sie das eigentliche Problem nicht mehr. Taucht ein neues Sachproblem auf, entzündet sich eventuell mühsam abgerungene Friedfertigkeit sofort neu.

Will die Mutter dies, will die Tochter das. Verbietet die Mutter den Auszug, zieht die Tochter möglichst rasch zum Freund. Will die Mutter den Auszug der Tochter und einen allgemeinen Familienfrieden, bleibt die Tochter fast garantiert zuhause. Verabscheut die Mutter den Freund, bindet sich die Tochter umso fester an ihn, dagegen wird die Tochter argwöhnisch, wenn die Mutter den Freund nett oder toll findet. Hasst die Mutter Punkfrisuren, färbt sich die Tochter gerade dann die Haare rot, orange und grün und legt allen Protest in die hässlichste Bürste, die stachligsten Spieße!

Der Konfrontationskurs muss sein. Es ist, als müssten alle durch dieses Familienfegefeuer „Tochtertrotz" hindurch. Denn alle sachliche, emotionslose Gelassenheit der Mutter (wenn es sie denn schließlich fertig brächte!) ändert nichts daran, dass die Tochter ihre eigene, vom Muttervorbild losgelöste Identität finden muss, und wenn sie die Chance dazu nicht in der Pubertät hatte, dann wird dieses Wollen auf einen späteren, vielleicht wirklich ungeeigneten und lebensverfälschenden Zeitpunkt verlagert.

Oder – ein Erwachsenwerden findet überhaupt nicht statt. Manche Töchter werden alt und bleiben infantil. Eine gewisse Kindlichkeit im Gesicht, unausgeprägt in ihren Auffassungen, meinungslos, irgendwie unerweckt, bestimmbar und verwaschen.

Das Erwachsenwerdenwollen muss sein, nicht nur das Wollen, auch das Werden. Kann es nicht bei der halbwüchsigen Tochter stattfinden oder beginnen, diese Abgrenzung gegen die Autorität der eigenen Mutter, ihren Erwartungen, Geboten und Leitlinien wird die Identifikation mit sich selbst auf später vertagt.

Ruth V., 43: ist geschieden, alleinerziehende Mutter, Bankangestellte im Kundendienst, ihre einzige Tochter heißt Sabrina, 16 Jah-

re. Mutter und Tochter sind ein Herz und eine Seele. Wie geht das? Keine von beiden leidet an der anderen oder fühlt sich gar unterdrückt. Das kann man nun wirklich nicht sagen, dazu sind beide viel zu fröhlich-vertraut. Wie kommt das? Was machen die beiden anders? Was tun sie, damit es stimmt?

Der erste Schritt in eine neue Freiheit heißt weg vom Gängelband der Mutter. Sie wird der Mutter ein Mehr an Möglichkeiten abtrotzen: Mehr Taschengeld, mehr Ausgang, mehr Erlaubnis zur Eigengestaltung (Frisur, Kleidung, Freund, Reisen, Lektüre, Filme etc.), mehr Rechte! Die kluge Mutter sagt ja. Zur neu gewonnenen Freiheit packt sie eine geschickte Dosierung von mehr Verantwortung und neuen Pflichten. So wird der Kampfplatz Mutter-Tochter neutralisiert. Freiheit heißt Verantwortlichkeit. Jetzt hat Sabrina es endlich erreicht, dass sie mit ihren 17 Jahren bis Mitternacht bei einer Party bleiben darf. Der letzte Bus allerdings fährt 23.30 Uhr. Will Sabrina also länger bleiben, muss sie sich selbst eine Mitfahrgelegenheit organisieren. Kurzum, Sabrina wird spätestens eine Viertelstunde nach Mitternacht zuhause erwartet. Damit hat Sabrina mächtig viel Erfolg davongetragen. Aber sie hat auch einen neuen Packen an Verantwortlichkeit mitübernommen: Freiheit und Pflicht. Vertragsbestandteil und Ehrensache zwischen Mutter und Tochter ist außerdem, dass Sabrina vorher sagt, wo sie sich aufhält oder mit wem sie zusammen ist, dass sie nicht per Anhalter fährt und auch nicht mitten in der Nacht anruft, um zu sagen, dass sie jetzt bei dem oder dem oder der oder der übernachten will.

Klare Wünsche, klare Regeln – und kommen ganz gut klar damit.

Die Ablösung kann, wird später so vehement und sturmartig nicht mehr geschehen, weil man offenen Bruch in höherem Alter vermeiden will. Die Tochter verweigert sich jetzt eher heimlich, in Ausweichmanövern, verdeckt, nicht mehr so offen. Offene Konfrontationen müssen dann vielleicht vermieden werden, dem Alter der Beteiligten, der Reife oder dem familiären Umfeld zuliebe.

VII Der Schritt in die Selbständigkeit

Fehlt die Ablösung, fehlen Reifung und Profilierung. Schließlich kann sich das ganze Problem der Ablösung in die Ehe hineinverlagern: Der Ehemann tritt an die Stelle der Mutter, er übernimmt die Machtkonstellation. Und die Tochter leidet, aber sie lässt es zu: Denn etwas anderes zu leben hat sie ja nicht gelernt.

So werden Frauen alt, aber nicht erwachsen. Noch immer laufen sie in der Spur der Mutter. Sie schaffen es nicht, die Dominanz der Mutter zu durchbrechen. „Jetzt", sagen sie dann, „ist die Mutter doch alt. Was soll ich jetzt noch einen Aufstand riskieren, sie wird es nicht begreifen. Sie kann sich ja auch nicht mehr ändern!"

Aber die Reaktion dieser „alten" Töchter auf meine Frage nach dem Verhältnis zur Mutter ist wie ein Stich ins Wespennest. Im Handumdrehen sind sie „munter", diese Töchter, erregt, aufgeregt, wütend, verbittert, sarkastisch, scharf, grob – und resigniert. Der Tochtertrotz kommt jetzt auf leiseren Sohlen. Die Gegenwehr gegenüber der Mutter ist nicht so ganz deutlich, aber immer ein bisschen mit Mutterärgern verbunden, so immer gerade an der Grenze entlang, es ist die kleine Rache, die kleine bösköchelnde Flamme. Der Tochtertrotz ist resigniert, aber heftig ist er immer noch!

Hauptproblem: Kompetenz

Christine, 65: „Ich bin überrascht, wie sie das packt, meine Tochter, das hätte ich ihr nicht zugetraut. (Die Tochter ist Ärztin und Psychoanalytikerin). Sie sagt es, einigermaßen stolz, aber die Anerkennung ist nicht so ganz überzeugend, da sitzt ein kleiner Zweifel, als ob sie noch immer nicht das alte Bild von der kleinen, hilfsbedürftigen Tochter korrigiert hätte ..."

Es ist der Zweifel an der töchterlichen Kompetenz. Eigentlich traut man der Tochter nichts zu. Sie ist ein so ganz anderer Mensch als die Mutter: anderes Temperament, anderer Charakter, andere Intelligenz, vielleicht. Mütter sind oft überrascht über den Werdegang ihrer Tochter. Sie können sich nicht vorstellen, dass die Tochter Karriere macht. Sie wissen es zwar, aber es passt nicht in ihr Bild.

Schwierig und erschütternd sind die Freiheitskämpfe zwischen Mutter und Tochter, wenn es um das Anderssein der Tochter geht. Töchter messen sich an ihrer Mutter. Wie attraktiv, erotisch anziehend, sexuell-aktiv, partnerschaftlich, durchsetzungsfähig, gleichberechtigt, souverän und mutig ist die Mutter? Oder ist sie eher kleinlaut, ängstlich, nörglerisch, neidvoll, egoistisch, überzogen, aufbrausend, egozentrisch? Welche Eigenschaften der Mutter findet die Tochter in sich? Wie verschieden von der Mutter ist sie. Oder eher ähnlich? Inwieweit kann sie sich lösen? Erkennt sie sich überhaupt?

Sie möchte ja lange Zeit so sein wie die Mutter

Wie sehr darf ich, Tochter, anders sein als die Mutter? Wie schaffen wir eine Abgrenzung ohne Schmerzen? Geht das überhaupt? Kann ich mir die Freiheit dazu nehmen und wie? Wie anders als die Mutter kann ich, Tochter, denn überhaupt sein?

Die Loslösung von der Mutter, das Sich-herauslösen, Sich-absetzen aus und von der Person ist immer Trennung, ein Schnitt, ein Verlassen, auch ein Verlassensein. Es ist ein Abschied aus dem Einssein, auch ein Schritt heraus aus dem Ursprung, einem mütterlichen Liebes-Urgrund. Das tut weh, beiden.

Besonders schwierig gestaltet sich die Ablösung von Müttern und Töchtern, die sich so ähnlich sind. Die Bindung an eine warmherzige, temperamentvolle, lebensbejahende und kreative Mutter ist eine große. Sie ist positiv. Warum sollte man sie denn auflösen? Der Tochter gefällt die Mutter, sie verstehen sich. Die Tochter bleibt gern im warmen, geborgenen Nest. Sie bezieht daraus Kraft, Stabilität und Impulse: so ansteckend fröhlich und vergnüglich über die Stränge schlagend wie die eigene Mutter ist sonst niemand. Zwar beziehen diese Töchter Lebensqualität und Schwung aus dem Vorbild ihrer Mutter, aber Abgrenzung muss sein, wenn sie nicht eine Wiederholung der Mutter sein wollen.

Die Kompetenz! Das Zutrauen oder Nichtzutrauen in die töchterliche Fähigkeiten! Das einfache Vertrauen der Mutter in die Tochter lautet: „Sie wird es schon schaffen! Sie ist gesund, tüchtig genug, hat Energie und einen Beruf oder eine Familie, was also sollte schief gehen? Ich habe sie in die Welt gebracht, also soll sie sich darin beweisen!“

Stattdessen lassen die Mütter die Töchter nicht, sie mischen sich ein, kontrollieren, schreiben vor, fallen in den Rücken, stellen Ansprüche und drängen sich auf – direkt oder subtil, jede Mutter – dominant auf die ihr eigene Spielart.

In welchem Verhältnis stehen Sie zu Ihrer Mutter oder zu Ihrer Tochter? Wie frei sind Sie im gegenseitigen Umgang? Ist eine innere Trennung bei Ihnen möglich? Und haben sie überhaupt schon einmal darüber nachgedacht, wie verschieden oder wie ähnlich Sie sich als Tochter Ihrer Mutter verhalten und denken? Und in welchen Bereichen?

Um Ihren Überlegungen und Ihrem Bewusstwerden dem Weg ein wenig zu erleichtern, schlage ich Ihnen folgenden Test vor. Er sollte mehr Spiel sein, aber immerhin eines mit ernsthaftem Hintergrund, das Sie zum Nachdenken anregen könnte.

Der Mutter-Tochter-Test

Machen Sie einen Eigenschaftentest und sammeln sie die von Ihnen rein subjektiv empfundenen Eigenschaften Ihrer Mutter. Tragen Sie die Eigenschaften Ihrer Mutter in den Qualitätenkreis ein.

Je nachdem Sie eine Eigenschaft stärker oder schwächer bewerten, wird das Kreissegment oder Kuchenstück größer oder kleiner. Zum Beispiel so: Sie empfinden Ihre Mutter als überwiegend ängstlich, eher lieb, geduldig, neidisch, manchmal ganz verdeckt zornig, sogar verdeckt dominant, arbeitsam, ohne Wünsche und angepasst. In diesem Fall würden Sie Ihrer Mutter neun Eigenschaften zudiktieren. Tragen Sie diese neun Eigenschaften der Gewichtigkeit nach als großes oder kleines Stück in den Kreis ein.

Um Ihnen die Auswahl zu erleichtern füge ich hier die Eigenschaftenliste aus dem Fragebogen ein.

herzlich	belesen	kühl	intelligent	gebildet
humorvoll	fromm	geschäftsmäßig	mittel begabt	ungerecht
mütterlich	charmant	raffiniert	behindert	kalt
hausfraulich	oberflächlich	falsch	musisch	selbstsicher
nachgiebig	dominant	herrisch	künstlerisch	selbstunsicher
scheu	geschwätzig	brutal	sensibel	besserwisserisch
geduldig	witzig	sadistisch	feinsinnig	rechthaberisch
unterdrückt	gesellig	masochistisch	kommunikativ	nörgelnd
still	laut	skrupellos	weise	raffgierig

nichts von alledem, sondern (Bitte schreiben Sie andere zusätzliche Eigenschaften)

So schätze ich meine Mutter subjektiv ein (Mutter)

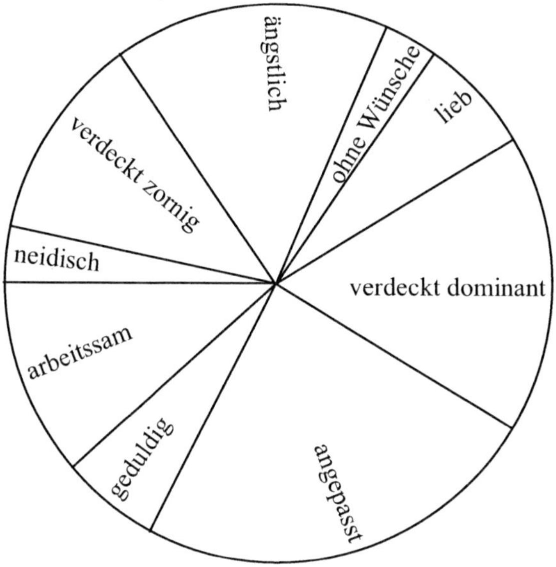

So schätze ich mich subjektiv ein (Tochter)

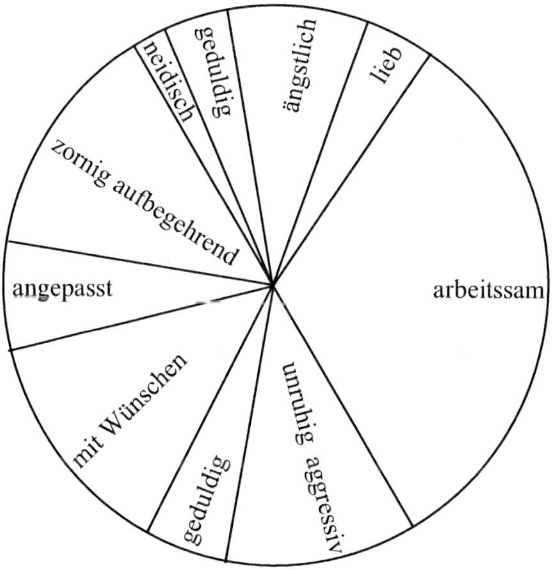

Natürlich können Sie in Ihren Zirkel andere Eigenschaften eintragen, eben die, die Ihnen spontan und subjektiv zu Ihrer Mutter einfallen und Ihnen aussagekräftig für die Person Ihrer Mutter erscheinen. Lassen Sie sich nicht davon irritieren, dass Ihre Schwester oder Ihr Bruder eventuell Ihrer Mutter ganz andere Eigenschaften zudenken. Es ist wichtig in diesem Fall, was Sie denken. Wenn sie also den Eigenschaftenkreis für Ihre Mutter ausgefüllt haben, dann können Sie Ihre Eigenschaften im zweiten Kreis eintragen. Setzen Sie Ihre Eigenschaften mit denen Ihrer Mutter in Vergleich. Ebenso ganz subjektiv.

Das soll nun nicht heißen, dass Ihre Mutter nur auf diese Eigenschaften festgelegt wäre, aber es sind die, die Ihnen spontan und subjektiv einfallen. Setzen Sie die Eigenschaften Ihrer Mutter mit sich selbst in Vergleich. In unserem Beispiel wäre die Tochter weniger ängstlich, lieb, angepasst Ihrem subjektiven Empfinden nach als die Mutter, dafür ist der Anteil „verdeckt zornig“, neidisch und arbeitsam höher. „Ohne Wünsche“ hat einen viel kleineren Anteil. Warum und wo sind Sie also zornig aufbegehrend, und arbeitsam – mehr als Ihre Mutter. Den Anteil ohne Wünsche gibt es nicht, das ist anders als bei Ihrer Mutter, Sie haben viele Wünsche und welche, andere als Ihre Mutter?

Das Ganze dient, wie Sie leicht erkennen können, dazu, sich einmal ganz subjektiv Gedanken zu machen über sich selbst und im Vergleich zur Mutter. Hier in unserem Beispiel empfindet die Tochter ihre Mutter als deutlich dominant, sich selbst aber kaum. Wie wirkte sich die Dominanz der Mutter aus und weshalb ist die Tochter nun deutlich nicht dominant? Was ist hier passiert?

Der Eigenschaftenkreis sollte nichts mit einer Bewertung zu tun haben: gut oder schlecht oder was ist besser oder schlechter? Es sollte spielerisch das Erkennen und Abgrenzen erleichtern. Wie gesagt, die Eigenschaften des Fragebogens sollten nur ein Anhaltspunkt oder eine Anregung für Ihre Überlegungen sein, ebenso die

Skala der Negativeigenschaften. Ganz sicher fallen Ihnen Ihre ganz individuellen Ansichten dazu ein.

Im übrigen sind die Beurteilungen der Eigenschaften der Mutter im Fragebogen auch von den Vorgaben abgewichen. Die Beantworterinnen haben sich intensiv beschäftigt – scheint mir – und individuell zutreffende Charaktereigenschaften gefunden wie zum Beispiel: *egozentrisch, selbstgerecht, rollenbewusst* oder *aufopfernd* oder *ehrlich bis zur Lieblosigkeit* oder *kämpferisch, fähig, sich durchzusetzen* oder *lässt sich nicht unterkriegen* oder *zuverlässig, sorgfältig, ausdauernd, liebevoll* oder *großzügig, weitherzig, intuitiv* oder *verklemmt, egoistisch.*

Blickwechsel oder die Meinungsänderung der Mutter

Frauenschicksal der früheren Zeiten war der Tod im Kindbett, an Krankheiten, aus Erschöpfung. Meist haben sie das halbwüchsige Alter, die Pubertät ihres jüngsten Kindes nicht mehr erlebt, sie sind noch vor dem Klimakterium gestorben.

Heute haben Frauen nach der Lebensmitte noch eine Lebenszeit von circa zwanzig bis dreißig Jahren. Die statistische Lebenserwartung von Frauen beträgt heute ca. 82 Jahre. Viele Jahre davon wird sie möglicherweise als Witwe also allein verbringen. Sie hat viele Jahre vor sich. Das ist eine lange Zeit für neue Lebensinhalte und erfordert geradezu ein Muss an Umstellung. Immer deutlicher wird, dass die Kindererziehungszeit für Frauen, gemessen an Ihrer Lebenszeit, immer kürzer wird. Das Leben dauert länger, die Kinderzahlen und damit die Erziehungsjahre werden kleiner. Das erfordert eine Umstellung, eine Neuorientierung, ein Umdenken: eben einen Blickwechsel.

Das Altern der Mutter: Nur Töchter werden älter. Die Mutter nicht! So scheint es. Oder die Mutter möchte einfach nicht wahrhaben. Lieber wechselt sie zum Spiegel, der ihr schmeichelt. Und am liebsten kauft Mutter ihre Kleidung dort ein, wo weiches Licht die natürlichen, altersbedingten Unebenheiten hinwegschwindelt.

Um ihr Alter aufzuhalten, wird die Mutter immer moderner: *Die Mutter kauft sich einen Minirock, den sie mit der Tochter teilt. Die Tochter ist hell begeistert, wie „klasse" die Mutter darin aussieht. Mutter und Tochter hocken sich ins Tochterzimmer und hören fetzige Musik. Und die Mutter toleriert die Schwärme an Freunden und Freundinnen, die durch's Haus ziehen, sie verwöhnt sie mit Kuchen und Knabbereien. Sie ist mitten drin, unterhält sich mit allen, hat Verständnis, ist großzügig und offen, von allem eine Spur zu viel. Aber die Freunde der Tochter bewundern die Mutter und machen der Tochter Komplimente, wie jung und toll ihre Mutter doch sei.*

Die Mutter stellt sich auf die Seite der Tochter, verteidigt sie gegenüber den anderen verständnislosen Familienmitgliedern, erklärt, die Tochter brauche zur Entwicklung eine gewisse Aufsässigkeit und viel Freiheit, wie solle sie sonst eigenständig werden – noch ist sie dabei. Noch ist sie von der Tochter ungetrennt. Und deutlich wird, wie sehr die Mutter mit dem Verhalten der Tochter einig ist, mit von der Partie ist oder sein will. Sie gesteht der Tochter Befreiungskämpfe zu, auch wenn die Fetzen fliegen und der Familienfrieden keiner mehr ist. Alles tut sie in dem Versuch, sich identisch mit der Tochter zu halten. Dies ändert sich schlagartig, wenn die Tochter zum ersten Mal ihren Freund zum Übernachten mitbringt. Nach außen hin, dem Vater gegenüber wird die Mutter vielleicht verteidigen, sie singt ein Lied von junger Liebe und doch viel schöner als damals ... und viel besser als im Auto ... Aber in ihr ist der Zustand katastrophal: Die Tochter rückt sie deutlich ins Alter, die Tochter trennt, die Tochter vollzieht den

Generationenschnitt und lässt die Mutter mit sich, mit ihrem Alter, mit ihrer Leere allein. Wer sich solidarisiert, gehört dazu!

Irrtum!

Irgendwann einmal trennen sich die Möglichkeiten der Tochter von denen der Mutter. Die Freiheit der Tochter ist nicht die Freiheit der Mutter. Die Tochter hat andere Lebensmöglichkeiten, andere Freiheiten. Mag sein, dass in der Mutter Trauer aufsteigt, Neid vielleicht auch. Die Tochter geht hat eine Ausbildung und auch einen Beruf, daraus ergibt sich ein anderes Lebensumfeld, ein anderer Themenkreis, durch monatlichen Gehalt eine andere Selbständigkeit. Die Tochter geht selbstverständlich vertraut und geschickt mit der „Technik des Lebens" um. Die Tochter gestaltet auch ihr Liebesleben freier, sie nimmt sich den Mann, den sie will, sie geht Bindungen ein, löst sie auf, gestaltet und spielt, sie sucht sich einen eigenen Freundeskreis, geht aus, auch allein. Aus den Erzählungen der Tochter blitzen Lebensmöglichkeiten auf, die die Mutter nie gehabt hatte. Sie hört manches zum erstenmal, sie vergleicht, registriert die Unterschiede. Vielleicht mit Wehmut und Trauer um die eigenen verlorenen Möglichkeiten. Sie neidet möglicherweise. Möglicherweise entsteht Eifersucht und Hass auf die Freiheiten der Tochter, die der Mutter so verschlossen bleiben müssen. Der Freiraum der töchterlichen Lebensgestaltung ist groß, zumindest ist es ein anderer. Diese Erkenntnis trifft Mütter, Frauen jenseits der Jugend, Frauen mit einer anderen Biographie.

Es trifft sie möglicherweise hart. Hart deshalb, weil diese Lebensmöglichkeiten unabänderlich vorbei sind. Nun liegt es an der älteren Frau, eine gute Antwort für sich zu finden auf den so anderen Lebensweg der Tochter. Leidet die Mutter? Verurteilt sie? Bewundert sie, so dass es der Tochter schon peinlich wird? Hat sie Angst, dass die Tochter ihr entgleitet? Entwickelt die Mutter „Machtspielchen"? Was unternimmt sie jetzt?

Freiheit oder Depression, Loslassen oder Anklammern, ist nicht nur eine Frage, sondern braucht jetzt eine konkrete, realistische und kreative Umsetzung.

Die Antwort der Mutter: Freiheit

Welche Antwort findet die Mutter auf diese veränderte Situation? Wird sie aggressiv, depressiv oder resignativ? Kann sie ihre Einstellung zu ihren Lebensinhalten ändern? Riskiert sie Blickwechsel? Wird sie sich selbst schonungslos sagen können, ich bin alt, auf jeden Fall deutlich älter, ich muss mich auf mich selbst besinnen, ich muss mich neu und anders entdecken, was ist oder wird denn wesentlich für mich, was ist wichtig und wie gut oder schlecht sind meine Beziehungen zu anderen und zu mir selbst?

Die Freiheit der Mutter wird dann zur Freiheit, wenn sie sich in ihrem Status Mutter mit allen Begleiterscheinungen begreift und anerkennt, wenn sie Zwiesprache mit sich halten und sich freimachen kann von abhängigem und auf die Tochter bezogenem Verhalten.

Ein Leben ohne die Tochter, ohne die Kinder, das heißt ohne die unmittelbare Anwesenheit und ohne die inneren Vertraulichkeiten, bedeutet einen Lebenswechsel, bedeutet bisherig Wichtiges loslassen, sich Neuem zuwenden, Wertigkeiten und Wichtigkeiten verändern, den Blick auf andere Dinge, Menschen, Erfahrungen und Erlebnisse richten: eben die Spur wechseln, den Blick wenden.

Die Auseinandersetzung der Mutter mit sich selbst wird zur Beschäftigung mit ihren ganz persönlichen weiblichen Stadien: Mädchen, Tochter, Weib, Mutter und Großmutter. Nur scheinbar ist hier eine zeitliche Rangfolge, in Wirklichkeit greift alles ineinander und durchmischt sich. Das kleine Mädchen träumt sich schon früh in die Rolle der Mutter hinein und lebt unbewusst die Vorstellung, die Vorbilder späterer Zukunft. Die Träume vom Einmalsein wirken auf den Lebenslauf und geben Richtung. Mädchenträume von früher können im späteren Erwachsenenalter zu unerfüllten Sehnsüchten werden.

Wie viele ungestillte Mädchenträume habe ich noch, fragt sich die vielleicht „mittelalte“ Frau. Wieviel abhängige und brave Tochter bin ich mit 45 Jahren immer noch? Wieviel erfülltes Weib bin ich geworden? Und bin ich die Mutter mit aller Mütterlichkeit, Weiblichkeit, Sinnlichkeit, die ich mir einmal erdacht habe? Was habe ich versäumt, was liegt einfach nicht in meinen Möglichkeiten, und was kann ich noch entfalten und entwickeln? Wie stelle ich mir mich als Großmutter vor? Das heißt wie eigenständig und reflektiert, abgelöst von den Interessen der eigenen Tochter, befreit vom Maßstab der eigenen Mutter, kann ich mich als alte Frau gutheißen und begrüßen?

Oder mit anderen Worten: Wie kann ich unerfüllbare, überholte Mädchenträume lassen, eine vielleicht unzulängliche und nicht perfekte Mütterlichkeit als eine menschliche Unvollkommenheit akzeptieren, weibliche Erfüllungssehnsüchte heiter hinter mir lassen, um tatkräftig, lebenslustig und aktiv mich als Großmutter zu leben? Oder: Wieviel fröhliche, entschiedene, weibliche, selbstbewusste, gelöste alte Frau möchte ich sein?

Mit siebzig um die Welt? Warum nicht? Das macht Mut!

Die Tochter wird Mutter

Meist ist die „Stunde der Gewissheit“ beim Frauenarzt, er bestätigt die „frohe Botschaft“. Jetzt weiß sie es ganz genau, die Vermutung bestätigt sich, sie erwartet ein Baby. Damit setzt ein Sturm an gemischten Gefühlen ein. Von einem Luftsprung vor Freude bis zur absoluten Niedergeschlagenheit ist an Gedanken und Empfindungen alles möglich. In Sekundenschnelle läuft ein Film aller Fürs und Widers vor den Augen der jungen Mutter ab – alle Überlegungen, alle Erfahrungen, alle Argumente und die augenblickliche Lebenssituation. Freude und Erschrockenheit wechseln sich ab: „Wie wird er es aufnehmen, was wird sie (die Mutter) sagen?“

Mit der Schwangerschaft verändert und erweitert sich die Beziehung des Paares. Ein Gemeinsames, das Kind, wächst heran, das man liebt oder vielleicht sogar ablehnt, obwohl man es noch nicht kennt, das sie im Vertrauen oder in geheimem Misstrauen erwarten, weil es Veränderungen und Ungewissheiten mit sich bringt.

Mit der Schwangerschaft verändert sich auch die Beziehung der Schwangeren (auch wenn sie schon älter sein sollte) zur eigenen Mutter. Es aktiviert das Verhältnis, das beide – vor allem die Tochter – schon so ganz losgelöst glaubten. Wahrscheinlich ist die Mutter nach dem Freund oder Ehemann, die zweite, die im Überschwang vom Glück oder auch der Sorge der Schwangerschaft erfährt. Eine ganz neue ungeahnte Beziehungsmöglichkeit tut sich für Mutter und Tochter auf. Vielleicht verunglückte Aufklärungsgespräche von Frau zu Frau sind in diesem Moment vergessen, hier erlebt die Tochter etwas wie die Mutter (schon erlebt hat). Sie hat mit der Schwangerschaft eine andere, eine gleichberechtigte Ebene zur Mutter gefunden, eine Ebene, die besagt, dass sie nun unter Frauen reden und fast ein Geheimnis austauschen, das Geheimnis der fruchtbaren Weiblichkeit.

So sehr die Tochter während der Schwangerschaft und der ersten Zeit nach der Entbindung eine geduldige, verstehende und helfende Mutter braucht, eine liebevolle mütterliche Begleitung, einfach das Gefühl, da ist jemand, der alles auch schon erlebt hat und mich ganz versteht, so sehr braucht die Tochter auch einen einfühlsamen Rückzug der Mutter. Begleitung bei Schwangerschaft und Entbindung erlauben kein Dauermitspracherecht bei der Erziehung des Kindes. Und wenn die Mutter es dreimal anders machen würde und das Fiasko schon kommen sieht ...

Wirklich, darf sie nicht eingreifen? Nein, sie darf nicht! Allerdings kann die Mutter und Großmutter ihre Beobachtungen und ihre Erfahrungen mit ihrem Enkelkind mitteilen, sie kann zum Gespräch, auch zum kontroversen Gespräch anregen, besonders wenn sie das Enkelkind betreut, aber eingreifen oder gar der Tochter durch erzieherische Maßnahmen in den Rücken fallen, das ist nicht erlaubt. Die Tochter muss einen eigenen „Erziehungsweg" finden, einen Kompromiss zwischen den Erziehungsvorstellungen des Vaters, den Wünschen des Kindes, ihren eigenen Bedürfnissen und der Bewältigung ihrer eigenen Erziehung. Dieser gegenüber muss sie Position beziehen und wird sich mit manchen Phasen ihrer Kindheit persönlich auseinandersetzen müssen. Hier hat sie die Eltern als streng, dort als weich, als zu nachgiebig empfunden. Sie muss sich mit sich selbst auseinandersetzen und das erzieherische Vorbild der Eltern, besonders der Mutter, reflektieren und vielleicht erkennen, hier reagiert sie wie die Mutter, wo sie doch anders handeln und sich verhalten möchte als die Mutter. Es heißt für die Tochter einen neuen und individuellen Weg aus der Identifikation mit ihrer Mutter für ihr Kind und ihre Familie zu finden. Und im übrigen – auch für den Vater und seine Erziehungsvorstellungen ist ein Nachdenken über seine erlebten Vorbilder und prägenden Wertvorstellungen und Erziehungsideale, die er von Vater und/oder Mutter übernommen hat, wesentlich und wichtig.

In diesem Zusammenhang gewinnt die Mutter hohe Bedeutung und großen Einfluss. Die Tochter ist gerade im Anfangszustand der Schwangerschaft hoch irritierbar. Das äußert sich nicht nur in der Frage: „Wie war's bei dir, als du mit mir schwanger warst?" und fragt nicht nur nach den biologischen Einzelheiten und Erfahrungen, nach Vorbereitung, Ernährungsfragen, biologischem Wissen – nein, auch nach den innerseelischen Erfahrungen der Mutter, „Hast du dich gefreut oder nicht? Hat Vater dich dafür geliebt? Hat er dir geholfen? Wie war die Haltung der Großeltern? Welche Ängste hattest du? Welche Schwierigkeiten kamen? War die Entbindung schwer? Wie hast du sie ertragen? War Vater rücksichtsvoll? usw."

Die Mutter hat es in der Hand, die Tochter aufzuwerten und zu stärken, auch sie zu entmutigen und abzuwerten. Nie wieder oder vielleicht überhaupt nur diesmal, in diesem schwankenden körperlichen und seelischen Zustand, hat die Mutter so große Einflussmöglichkeit auf die Tochter oder ist die Dichte und Nähe zwischen Mutter und Tochter so offen und so groß. Die Tochter sucht die Mutter als die erste, naheste und vertrauteste Erfahrene und Mütterlich-Weise. Die hilfreiche Mutter mit ihrer Erfahrung ist fast wie eine Glucke, unter deren Flügel sie sich geborgen fühlen kann. Wehe der Mutter, die ihrer schwangeren Tochter spitze Bemerkungen zum Freund oder Ehemann, über die frühe und späte, kurz unpassende Schwangerschaft zumutet, kritisiert und Ablehnung zeigt. Nicht, dass im nächsten Moment dies Folgen tragen würde, aber es nistet sich sehr emotional und in tiefen Schichten eine Abwehrhaltung gegenüber Mann, Kind, Situation und Mutter ein, etwas latent Lähmendes und Unfrohes, nur ein Hauch einer Verweigerung. Etwas Ungutes bleibt, was sich möglicherweise irgendwann einmal gegen die Mutter, den Mann oder das Kind richten kann.

Kurz, gerade in diesem Zustand von Schwangerschaft will und muss die Tochter vorbehaltlos von der Mutter angenommen werden.

VIII Frei von der Mutter – mit der Mutter

Kooperation zwischen Mutter und Tochter

Johanna J.,52: Kooperativ ist meine Mutter schon. Ich habe sie mir allerdings dazu erzogen! Ich lasse nicht locker, meine Mutter alles zu fragen. Es gibt zwar Tabus, und an manche Themen sollte ich besser nicht rühren, aber ich frage meine Mutter alles. Ich verwickle sie in Gespräche, und ich habe einen Fragestil gelernt, der mir hilft, meine Mutter für ein Gespräch zu interessieren und mit ihr am Gespräch dranzubleiben. Wenn es sein muss, arbeiten wir Hand in Hand. Ich weiß, sie möchte mich gern mehr vereinnahmen, aber ich lasse es nicht zu. Trotzdem wissen wir, wir können uns aufeinander verlassen, und jede ist für die andere da, wenn es sein muss.

Tatsächlich ist das Fragen oder besser gesagt, das Interesse am anderen, hier an der Mutter, ein Weg zu einer anderen Art von Nähe. Wenn Fragen der Tochter im Erzählen der Mutter Antworten finden, schaffen sie wohlige Übereinstimmung. Mit dieser Art von Gespräch gehören sie zusammen in einem Familienverbund von Frau zu Frau. Für diesen Zeitraum gibt es nur dieses Interesse: ein Fragen und Zuhören, ein in sich Aufnehmen und Behalten.

Für diese kurze oder längere Zeitspanne geht es einmal um erlebte Geschichten der Mutter in der Familie und zum anderen geschieht dies auf der Ebene des Gemüts. Das Gespräch ist in einem anderen Kommunikationsstil aufgehoben: In diesem Moment gibt es keinen Streit, keine Rivalität, keine Abwertung, keine Vorwürfe, Rechtfertigungen und Schuldzuweisungen oder Ähnliches: alle die möglichen, bisherigen Mutter-Tochter-Gesprächsebenen können für diesen Augenblick des Erzählens ausgeklammert werden.

Am besten dürfte der Einstieg über Fragen nach gemeinsamen glücklichen Erfahrungen gelingen: Zum Beispiel: Wie war es als sie für das originellste Faschingskostüm prämiert wurden, war sie stolz? Waren die Vorbereitungen viel Arbeit? Was sagte der Vater dazu? Wie ging es ihr als sie mit mir schwanger war? Was sagte die Großmutter? Wie war das im Krieg? Welche Spiele wurden in der Familie gespielt? Wurde überhaupt gespielt? Was hat sie gern gegessen? Was nicht so gern? Zu wem ihrer Geschwister hatte sie am meisten Kontakt? Wen hatte sie am liebsten?

Man kann über das Leben der Mutter, ihre Kindheit, ihre wichtigen Entscheidungen, ihren Beziehungen zu den Eltern, Erinnerungen an kleinere und größere Einzelheiten erfragen. Man wird feststellen, wie wenig man eigentlich doch weiß. Man wird Ähnlichkeiten zu sich selbst feststellen, manches wird als Familienverhalten deutlich, es wird klar, wo Schwierigkeiten waren und wie sehr doch die Mutter das Beste für uns und die Familie wollte und wahrscheinlich auch erreicht hat oder es anders und besser nicht bewältigen konnte.

Der Fragebogen nach Kommunikation und Kooperation im Fragebogen unter 5. Distanz und Abwehrmechanismen lautet so:

- *Ich kann meiner Mutter sagen, wenn ich mich nicht mit ihr unterhalten oder sie nicht sehen will, wenn sie mich nervt*
- *Ich kann meiner Mutter sagen, wenn ich eine andere Meinung habe*
- *Meine Mutter akzeptiert meinen Lebensstil, auch wenn sie ihn nicht versteht*
- *Meine Mutter beredet und manipuliert mich so lange, bis ich tue, was sie will*
- *Meine Mutter will nichts mehr mit mir zu tun haben, wenn ich nicht tue, was sie sagt und will*

Die Antworten zu dieser Frage ergeben erstaunliche 60%, die ihrer Mutter nicht sagen können, wenn sie kein Gespräch mit ihr wünschen, eine antwortet mit *nie*, eine andere *wenn, dann aber sehr einfühlsam*. Fast alle können eine andere Meinung als die der Mutter äußern, aber mit dem Risiko einer Verstimmung. Die meisten Mütter akzeptieren den Lebensstil der Tochter, vor allem dann im höheren Alter. Manche Mütter manipulieren und bereden ihre Töchter, *was es aber früher öfter gab* oder *sie heute noch manchmal versucht* oder *manchmal noch, aber eigentlich gibt es das nicht mehr,* so die Antworten aus dem Fragebogen. So richtig überzeugend scheinen diese Töchter die Eigenständigkeit noch nicht geschafft zu haben.

Erstaunlich sind die Antworten auf die letzte Frage: Mehr als 30% bejahen, dass ihre Mutter nichts mehr mit ihnen zu tun haben will, wenn sie, die Tochter, nicht tut, was sie sagt und will! Wenige Mütter gehen dann aus dem Weg, ziehen sich zurück, manche Mütter versuchen es. Das heißt aber, dass offensichtlich Mütter in ihrem eigenen Interesse, um etwas für sich zu erzwingen, immer noch ganz schön manipulativ werden können.

Therese O., 56: Mit meiner Scheidung und Wiederverheiratung wurde meine Mutter sehr massiv gegen mich. Sie hielt heftigen Kontakt zu meinem Ex-Mann, manipulierte meine Kinder gegen mich und den neuen Mann, solidarisierte sich mit allen gegen mich und drohte mich zu enterben. Im Nachhinein – nach dem Tod meiner Mutter weiß ich auch, dass sie das tatsächlich vorhatte, nur der Notar konnte das verhindern.

Mit der Zeit hat sich ein freundschaftliches Verhältnis herausgebildet, die Mutter ist tolerant. Inzwischen toleriert sie den Lebensstil der Tochter. Sie versteht ihn vielleicht nicht, er ist ihr fremd, sie hätte sich etwas anderes für die Tochter gewünscht bei ihren Möglichkeiten, aber sie schweigt besser. Sie richtet sich in der Grauzone des Tabus ein: Insgeheim wirft sie der Tochter noch immer vor, die alten immer gleichen Vorwürfe, aber sie spricht nicht mehr darüber. Und ihr Stillschweigen geht so weit, dass sie auch auf das Thema angesprochen, es vorzieht, nicht mehr darüber zu reden. Wirklich gelöst ist aber die Konstellation nicht. Beide meiden konfliktbeladene Themen, sie tabuieren, aber indem sie Themen aussparen, wird nichts wirklich gelöst.

Christine R., 58: Meine Mutter lehnt immer schon meinen Mann ab, jetzt dann 28 Jahre. Von Anfang an fand sie ihn unfähig, einen Hallodri, und auf keinen Fall passend für mich. Ich glaube, sie ekelt sich. Trotz einer soliden Ehe und einigem Erfolg meines Mannes, weicht sie von ihrem Urteil nicht ab. Letztes Jahr wurde meine Mutter am Darmkrebs operiert, und es sah nicht gut aus. Sie eröffnete mir, dass sie ein Testament zugunsten meiner Kinder gemacht habe und mich bzw. uns vom Erbe ausschließe. Da war ich restlos verstört, denn ich hatte beim Tod meines Vaters auf meinen Erbteil verzichtet, um sie nicht in Schwierigkeiten zu bringen. Und jetzt das! Ganz klar war mir, dass sie mich treffen wollte, weil ich noch immer mit diesem in ihren Augen unmöglichen Mann verheiratetet war. Wahrscheinlich wäre es ihr lieber gewesen, ich hätte mich von ihm scheiden lassen.

Zum erstenmal habe ich eindringlich und unverblümt mit meiner Mutter geredet – das war nicht einfach für mich – aber es hat einen Sinneswandel bewirkt. Sie akzeptiert mich und hört auf mich – erstaunlicherweise, was bisher noch nie der Fall war. Ihre monatlichen Geldzuwendungen, die wir wirklich brauchen und mit denen ich rechne, kommen jetzt ohne die bisherigen Auflagen und Anweisungen. Das Testament hat sie aus eigenem Antrieb zu meinen Gunsten geändert.

Die Veränderung der Mutter-Tochter-Beziehung zu einer Beziehung zwischen zwei erwachsenen Menschen fällt meist nicht leicht. Es fehlt an Mut. Die Mutter geht davon aus, sie ist eine gute Mutter, sie geht selbstverständlich davon aus, dass sie allein weiß, was das Beste für ihr „Kind“ ist. Die Einseitigkeit ihrer Betrachtungsweise ist ihr selbstverständlich. Eben, weil sie ihr „Kind“ so gut zu kennen glaubt, hält sie daran fest. Sie ist überrascht, wenn ihre Tochter anders urteilt. Im Grunde kann und will sie ihre Tochter noch immer nicht verstehen. Natürlich soll und kann die Tochter eigenständig denken und leben, aber was sollte sie, die Mutter, in diesem Zusammenhang verändern?

Die Tochter wird dann mutig erklären müssen, in dem sie der Mutter erklärt, verdeutlicht, was falsch war und was sie heute noch als falsch empfindet. Denn – man muss davon ausgehen, dass in dieser Mutter-Tochter-Konstellation nur die Tochter ein Ungleichgewicht empfindet. Sie wird Verletzungen erklären wollen, von denen die Mutter keine Ahnung hat und – die Tochter wird Änderungen im Verhältnis zwischen Mutter und Tochter vorschlagen, deren Notwendigkeit die Mutter erst einsehen und mit denen die Mutter sich erst befreunden muss. Die erste Reaktion der Mutter wird vermutlich Unverständnis und Abwehr sein. Die Tochter sieht das falsch, und überhaupt will sie, die Mutter, davon nichts hören.

Von den Antworten auf den Fragebogen haben nur einige eine Therapie oder Psychoanalyse hinter sich, um mit ihrer Mutter in Gespräch zu kommen und Positionen zu klären. Die meisten haben sich Verstärkung in ihren Geschwistern oder auch in Form des Ehemannes gesucht: Gemeinsam fühlten sie sich wohl so stark, überzeugend und auch einfühlend genug, ein Gespräch mit der Mutter zu bewältigen. Manche wurden durch Freunde und Freundinnen unterstützt oder durch Lektüre eines Buches sensibilisiert, das Gespräch zu wagen.

Auf die Frage aus dem Fragebogen: *Sie können sich in der Zwischenzeit wehren! Wie haben Sie das geschafft?*

Originalstimmen aus dem Fragebogen beantworten so: *Sabine: Allein, nach einem anfänglichen Schock, sind wir uns ganz gut nahe gekommen, Andrea: gemeinsam mit meinen Geschwistern, Tine: Meine Freundinnen haben mich bestärkt, ich hatte auch in der Vergangenheit eine kürzere Gesprächstherapie, Waltraud: Ich bin in Familientherapie ausgebildet, Annemarie: Dieses alles brauche ich nicht mehr, meine Mutter ist tot und ich bin, ohne Schaden zunehmen, selbst Mutter und sicher eine bessere, Eva: Gespräche mit beiden Eltern, Freundinnen haben mich bestärkt durch Gedankenaustausch, Fokaltraining, analytische Arbeit, Heike: Ich hatte keine Schwierigkeiten im Mich-Wehren gegen meine Mutter, Brigitte: Ablösung von der Mutter: zunächst war es eine Ablösung von der älteren Schwester, dem Vorbild und der zweiten Mutterfigur, dann von der Mutter, das heißt solange ich im System war, ging alles gut, erst mit meiner Scheidung und Wiederverheiratung begann der Ablösungsprozess, der aber massiv verhindert wurde, Gefügigkeit und Gehorsam war verlangt.*

Was will die Mutter? Kann sie souverän auf die Wünsche ihrer Tochter eingehen, kann sie Kompromisse entwickeln, lässt sie die Tochter in ihren persönlichen Wünschen gelten? Oder steht hinter dem „Mutter meint es doch gut mit dir und will dein Bestes" ganz etwas anderes: der persönliche Ehrgeiz und die Macht, die Tochter nach eigenen Wünschen zu modellieren? Betrachtet die Mutter ihr Kind und auch besonders die Tochter als Leihgabe oder als ihren ganz persönlichen, verfügbaren Besitz? Inwieweit hat die Frau, die meine Mutter ist, von mir Besitz ergriffen oder behalten? Hantiert sie mit mir, manipuliert sie? Hat sie Macht über mich und wieviel, offen oder versteckt? Wie offen ist unser Verhältnis? Können wir erwachsen besprechen und uns auf gleicher Ebene begegnen?

Heute kann ich meiner Mutter sagen, wenn ich mich nicht mir ihr unterhalten oder sie nicht sehen will, aber 20% der 40 - 60-Jährigen können es immer noch nicht. Das heißt, sie trauen sich nicht zu sagen: „Du ich habe keine Lust dich zu sehen. Es ist mir zu viel, ich möchte lieber etwas anderes tun, es ist mir nicht so wichtig im Moment.“ Sie sagen nichts, und sie handeln nicht frei, wie es ihr Bedürfnis wäre. Dazu haben sie keinen Mut. Sie fühlen sich schlecht, als würden sie ihre Mutter grob im Stich lassen. Was tun sie stattdessen? Sie schieben vielleicht einen Termin vor, sie deuten Schwierigkeiten mit dem Ehemann an, sie schieben Kopfweh, Migräne, Magenweh, einen Arztbesuch vor, sie reden nicht darüber, sie verschweigen, umgehen, vernuscheln und bagatellisieren, etwas Belastend-Unehrliches mischt sich dazwischen. Aber, sie sagen nichts von ihren wahren Gefühlen ...!

Bei manchen Töchtern ist dies sicher ein lebenslanger Weg oder Kampf – ein Auf und Ab, bei den meisten aber eine Auseinandersetzung in den Jahren zwischen 40 und 60. Das erklärt sich daraus, dass man vorher keine Zeit hatte, beschäftigt war mit Schulabschluss, den ersten Übungen auf dem Feld der Partnersuche, dann Heirat und das erste Kind, eine Zeit der Vollbeschäftigung mit dem eigenen Leben und Überleben. Fragen und Probleme mit dem Partner und der Ehebeziehung sind wichtiger, drängender und lebensnäher als die Beziehung zur Mutter zu den Eltern. Das Thema Mutter taucht (erst dann wieder) auf, wenn Forderungen gestellt werden, wenn die Mutter ins Blickfeld rückt. Möglich ist das durch die Großelternschaft, sie wollen die Enkel öfter sehen, bei sich haben oder besuchen, sie wollen die Enkel erziehen, die Tochter formen, Einfluss nehmen in den Ehestil, meist vornedran die Mutter aus eigener Überzeugung, oft auch als Sprachrohr des Vaters.

Wie Töchter sein sollten: Sei brav! Heul nicht! Sei nicht faul!

In jeder Familie gibt es Leitlinien. Sie sind sozusagen die Philosophie der Familie: die Ausrichtung, die Werte und Regeln, nach denen sich zu leben lohnt oder die man einhalten muss. In den meisten Fällen und Familien wird es vielerlei geben, das, was der Vater für wichtig hält, das, was beide Eltern übereinstimmend vermitteln wollen, das, was die Familie als Ziel erachtet und das, was die Mutter als Meinung und Lebensziel weitergeben möchte. Im besten Fall stimmen die Ziele und Werte zwischen Familie und Eltern überein. Das wäre der Idealfall, den es nicht gibt.

Wir wenden uns der Mutter-Tochter-Beziehung zu und der Fragebogen ging ja auch in die Richtung, welche Forderungen, Gebote und Botschaften vermittelt die Mutter speziell an ihre Tochter.

Im Fragebogenkatalog wird unter der Frage nach den offenen Forderungen und Geboten mit folgender begleitender Erklärung gefragt:

Jede kennt vermutlich Sätze wie „iss nicht so viel, du wirst zu dick“ oder „die XY-Töchter können so schön Flöte spielen“ oder „dass du mir das antust“ oder „als ich so alt war wie du jetzt, konnte ich schon das und das“ oder „sei doch mal fröhlich“.

Welcher/welche Satz/Sätze aus Ihrem Leben fallen Ihnen dazu ein? Bitte notieren Sie!

Es kamen erstaunlich viele eigene Sätze, prägende Erinnerungen! Das bunte Antwortenkaleidoskop führe ich hier unsortiert auf:

sei vorsichtig!
erkälte dich nicht!
du hast mir das Weihnachtsfest, den Geburtstag, Ostern ...
verdorben!
deine Schwester ist so fröhlich und erzählt so viel!
ich habe mir immer einen Sohn gewünscht!
du hast selbst schuld!
halte dir die Männer vom Leib!
du bist der schlimmste Feind in meinem Leben!
das macht man nicht!
man muss sich beherrschen können!
man darf nicht launisch sein
ein „ich-kann-nicht" gibt es nicht
Anstand und Höflichkeit sind oberstes Gesetz
wo ich bin, ist oben
immer aktiv sein!
Handarbeit ist unter meiner Würde, nur Kopfarbeit zählt
wo wir herkommen, wollen die anderen noch hin!
warte ja bis Papa nach Hause kommt!
sei brav, mach' keinen Ärger!
du bist doch etwas Besseres als die ... (schlauer als die ...)
so etwas machst du doch nicht (ziehst du doch nicht an ...)
als ich so alt war wie du, musste ich schon ...
mit dir zu reden, ist, wie wenn man gegen ein Wand spricht
du bist so abweisend – ich verstehe gar nicht, wie du bei
deinem Charakter Freunde haben kannst!
iss deinen Teller leer!
sei nicht so verschlossen
du erziehst deine Kinder nicht richtig
du bist wie dein Vater!
deine Schwester oder deine Cousine ist/sind viel ...
wir hatten es damals nicht so leicht!
... von mir aus schon, aber was sagen die Nachbarn dazu? ...

du bist so faul, dass du stinkst!
dicke Beine hat die Kleine, aber Waden hat sie keine!
wir hatten es früher schwerer (Krieg, Vorkrieg)
was wir alles leisten mussten!
sitz gerade!
lese nicht zuviel!
hilf mir mal eben schnell!
wehre dich, lass dir das nicht gefallen
sei nicht so mundfaul, sei nicht so schüchtern
spiel mit den kleineren Geschwistern, babysitte sie heute Abend
isst du auch genug?
ich mag deine Freundin nicht!
hinterfrage die Aussagen deiner Freunde und Lehrer, deiner Umwelt
du kannst das, streng dich an!
heul nicht, alles nicht so tragisch!
du weißt ja immer alles besser ...
bist ja Vaters Liebling, Prinzesschen
mit deinen Launen wirst du im Leben noch oft anecken
sei ja brav, sonst werde ich krank!
beweg dich schneller, du bist ein Phlegma!
du bist faul
heirate keinen Deutschen, keinen Ausländer, keinen Katholiken, keinen Protestanten!
nimm dir ein Beispiel an ...
was sollen die Nachbarn denken ...
wenn du meinst, dass du das tun musst ...
lern einen Beruf ...
geh aufrecht, schau wie deine Freundin aufrecht geht!
bringe gute Noten
sei tüchtig und lass mich Staat mit dir machen
nie bist du zufrieden!

In dieser bunten Mischung findet sich alles: Hilfreiche Unterstützungen, es gibt solche, die fürsorglich beschützen wollen und solche, die zum Leben motivieren, wie *lerne einen Beruf* oder vielleicht gerade noch *sitz gerade!* oder *isst du auch genug?* Die meisten sind Negativmotivationen, und das Negative begründet sich in den Vergleichen. Verglichen wird immer mit anderen, die besser, schöner, tüchtiger, erfolgreicher sind. Diese Sätze sind nur scheinbar hilfreich, sie sind Kritik und eigentlich demotivierend und fressen sich als permanente Herabsetzung früh in ein junges Leben. Die unheimlichen heimlichen Botschaften der Mutter werden zu verinnerlichten Lebensleitlinien und eigentlich zu Lebenshemmern. Und als frühes und prägendes Erlebnis spürt die Tochter die ständigen Entmutigungen. Das kann einhergehen mit dem Sehnen und Seufzen, dass die Mutter gerne auch einmal so eine Tochter hätte wie ... Die Entmutigungsrituale äußern sich in mütterlichem Nörgeln, in Vorhaltungen, die zugleich Anregungen sein sollen, auch in Lob, das aber falsch klingt, weil es zwar lobt, aber gleichzeitig noch mehr verlangt: *Du hast das ja gut gemacht, aber ...* Die Trauer der Mutter über das kleine Mädchen gräbt sich tief in die Kinderseele und wird nie, ein ganzes Erwachsenenleben nie mehr daraus entweichen.

Deutlich auf eine Tochter bezogen sind diese Art von „Geheimbotschaften“, der „Rat von Frau zu Frau“:

- Hüte dich vor Männern, Männer wollen nur das Eine.
- Hüte dich vor deiner Sexualität. Halte sie im Zaum und gewähre sie nur um den Preis der guten Versorgung.
- Verkaufe dich gut!
- Arbeite nicht zu viel, lass den Mann für dich arbeiten.
- Könne nicht so viel, dann musst du auch nicht so viel arbeiten (leisten).

- Sei eine gute Mutter (wie die Generationen von Müttern vor dir).
- Sei nicht gut, sei nicht schlecht, sei ein vorzeigbares Mittelmaß, das man begreifen kann.
- Sei eine Frau wie andere; Frauen tun dies und das nicht! (Dieses „dies und das nicht" fällt dann entsprechend der Meinung und Erfahrung der Mutter aus. Manche Mütter haben äußerst rigide innere Vorschriften, was eine Frau darf und was nicht.)

Gerade diese Leitlinien können sich tief in ein Frauenleben eingraben und schwere Störungen im Umgang mit dem anderen Geschlecht verursachen. Im Zusammenleben, in Partnerschaft und Ehe können diese unterschwellig wirkenden Sätze in einem völlig falschen Grundton mitschwingen und sich verheerend auswirken. Das Fatale ist daran, dass sie nicht deutlich präsent sind, sondern im Unterbewussten wirken und damit unbewusst Beziehungen verfälschen und vergiften.

Jede Mutter hat ein Repertoire an Leitlinien in sich, das sie weitergibt. Es sind die heimlichen Botschaften als „Gebote und Verbote" von früher Kindheit an. Die töchterliche Welt ist voll von diesen Geheimbotschaften der Mutter – allgemeinen und auch ganz speziellen. Von klein auf erfährt die Tochter ein Gespinst von Vorgaben, die sie verinnerlicht:

Wir werden uns mit den heimlichen, mütterlichen Botschaften auseinandersetzen müssen. Wir werden sie uns bewusst machen und gegebenenfalls überwinden.

Dabei muss man zwischen „positiven" und „negativen" Botschaften unterscheiden. Und man muss auch zwischen den Botschaften der Mutter und den Leitlinien der Familie unterscheiden, wobei diese oft nicht voneinander zu trennen sind und ineinander fließen.

Die positiven Botschaften der Mutter sind alle verbalen und auch körpersprachlichen Äußerungen aus dem Erfahrungsschatz der

Mutter. Diese Äußerungen sind Mahnungen zur Vorsicht, Warnungen zu unserem Schutz, bewahrende und verhütende Anteilnahme der Mutter. Das muss sein. Die Mutter muss in realen Gefahrensituationen gerade das Kind, auch noch den/die Jugendliche(n) mit Verboten und Geboten schützen und bewahren. Der reale, schnelle Zugriff bei Gefahr im Straßenverkehr zum Beispiel muss sein. Die Mutter wird das Kind stärken, diesen und anderen Gefahren allein zu begegnen und sie zu bewältigen.

Anders verhält es sich mit den „negativen Botschaften". Sie sind unheimlich. Es sind Botschaften der unbewältigten Ängste, besonders der mütterlichen Ängste. Alles, was die Mutter (oft auch der Vater) als bedrohlich und unbewusst-unbewältigt erlebt, packt die Mutter in die Negativ-Botschaften. Die Tochter möchte sie vor Absturz und Elend, Erfolglosigkeit und Unglück bewahren – und will letztendlich sich davor und wirklichen kritischen Auseinandersetzungen mit sich selbst retten.

Und das ist die Frage: Wann sind „schützende Botschaften" immer noch angebracht? Wann hört der Zugriff der Mutter auf? Wann ist Erziehungsarbeit und Unterstützung beendet?

Ursula L., 47: Ursula, Mutter von zwei Söhnen. Nils, der jüngere, 22, war drogenabhängig. Was tut eine gute Mutter? Sie mahnt, warnt, holt ihn von der Straße, klaubt ihn auf, gibt ihm Geld, wäscht und pflegt ihn.

Die Therapeuten des Sohnes haben ihr das strikt verboten. Sie gehen davon aus, dass Selbstheilungskräfte nur aus der Eigenverantwortung kommen und nahmen das Risiko des Fehlschlags in Kauf. Der Mutter hat das schier das Herz gebrochen, aber sie hatten Glück, heute ist er überm Berg ...

Wahrscheinlich zu diesem Zeitpunkt, an dem sich Eltern sagen: „Ich habe ein durchschnittlich kluges, tüchtiges, lebensbejahendes Kind dahin erzogen, dass es mit den wichtigsten Lebensregeln ausgestattet, jetzt seinen eigenen Weg gehen kann. Mit dem Rüstzeug von elterlicher Erziehung vertrauen wir darauf, dass es eigene, auch differenzierte und schwierige Erfahrungen selbst bewältigen kann."

Merkwürdigerweise fällt Vätern diese distanzierte und im Loslassen begleitende Haltung viel leichter.

Besonders Müttern fällt die Distanz schwer. Noch die dreißigjährige Tochter möchte sie gern vor irgendetwas bewahren.

Gut ist die Haltung der liebevollen und kritischen Distanz bei gleichzeitiger Bereitschaft, diese Distanz für ein beratendes Gespräch aufzugeben.

Das Schönste in einem Verhältnis zwischen Eltern und Kind wird wohl sein, wenn Tochter oder Sohn mit Offenheit kommen können und sagen: „Ich möchte gern ... (nach Indien fahren, ein Haus bauen, mein ganzes Geld verschenken)." Und dann fragen: „Was würdest du, was würdet ihr tun?"

Diese Basis gegenseitigen Vertrauens lässt viele Möglichkeiten zu: Eltern können aus dem „Schatz ihrer Erfahrungen" sprechen, ihren Vorsprung an Jahren und Erkenntnissen vermitteln, den Blick öffnen, die Werte- und Entscheidungswelt des „Kindes" erweitern, ins Gespräch kommen. Das „Kind", Tochter oder Sohn, ist aufgeschlossen, kritisch abwägend, schätzt die erwachsene Übersicht, ist in der Lage, anzunehmen oder zu verwerfen, eben seine e i g e n e Entscheidung zu treffen. Die „positiven Botschaften" sind offene, diskutier- und kritikfähige Botschaften, sprich die Möglichkeit zu einer Kommunikation unter Erwachsenen. Es ist ein partnerschaftlicher, souveräner, gleichberechtigter Kommunikationsstil, der viele bereichernde Spielarten von Erfahrungsaustausch zulässt. Da kann die Mutter sich Rat bei der „erfahrenen Tochter" holen, und die oder der Jugendliche erhalten wie selbstverständlich Entscheidungsfreiheit. Die Familienmitglieder sind nicht an irgendwelche überkommenen Hierarchien gebunden.

Das Familienmotto überwinden

Das Familienmotto ist ein unbewusstes Leitbild, das in Familien von Generation zu Generation weitergetragen wird. Es ist schwer zu greifen und zu durchschauen, denn es wirkt unterschwellig als eine Botschaft oder Verhaltensregel, nach der man in der Familie lebt. Jedes Familienmitglied verinnerlicht das Leitbild früh und jedes lebt danach auf seine Weise.

Um es zu konkretisieren: Die eine Familie hat als Familienmotto: Wir sind etwas Besonderes. Das Besondere leitet die Familie an einem adligen Vorfahr ab. Es gibt einen Stammbaum und dazu tapfere, ehrenrührige, das Besondere dokumentierende und herausstreichende Geschichten. In den Duktus der Familie, in die tägliche Erziehung wird „das Besondere" mithineinverwoben und erzeugt einen Anspruch und eine Ausrichtung schon beim kleinen Kind. Sozusagen atmet es das Leitbild, das Familienmotto wie selbstverständlich in sich hinein. Fatal wird es, wenn das Leitbild nicht mit der Wirklichkeit übereinstimmt. Wenn das Kind, dann der junge Mensch, so besonders nicht ist. Im Gegenteil, das Familienmitglied ist ziemlich durchschnittlich oder sogar vielleicht noch etwas weniger. Dem Leitbild kann es real nicht genügen. Dann kann der Familienanspruch zur Belastung werden. Es entsteht und entwickelt sich ein Anspruch auf etwas Elitäres, das sich im Leben des Familien-„Kindes" nicht verwirklichen lässt.

Diese Diskrepanz zwischen Illusion und Wirklichkeit kann sich verheerend auswirken. Eine Anpassung kann nicht gelingen. Die Umwelt bewertet anders, auf keinen Fall reagiert sie so, wie der Familienstil gelehrt und in die Welt eingeführt hat. Um der Forderung der Familie gerecht zu werden, wird es vielleicht zu Kompensationen kommen, je nach Temperament oder Begabung des einzelnen oder – was häufig zu beobachten ist – zu einer lebenslangen Suche, die Minderwertigkeit, die ja nur im Rahmen dieser Familienmottos eine Minderwertigkeit ist, aufzulösen und zu bewältigen.

Es gibt andere Leitlinien, Leitsätze in Familien, die ebenso wirken wie zum Beispiel: *Wir halten durch bis zum bitteren Ende* oder *Wir sind besonders gottgläubig und religiös* oder *wir sind tapfer* oder *in unsere Familie sind die Menschen schön und ästhetisch* oder *sportlich, gepflegt und schlank*

In manchen Familien verschränken und vermischen sich die mütterlichen Botschaften mit den Idealen der Familie. Fast jede Familie führt ein Leitmotiv, ein Familienmotto mit sich, ähnlich einem Familienwappen. Allerdings mit diesem Unterschied: ein Wappen ist sichtbar, das Familienmotto allenfalls spürbar ...

Reimuth V., 67: In Reimuths Familie „lauert" im Verborgenen etwas Akademisches und Intellektuelles. Seit einigen Generationen – geht man der Sache genauer nach – gibt es in der Familie „etwas geistig Hochstehendes". Die Männer der Familie waren Lehrer, Pastoren und Professoren. Die Mutter dieser Freundin war in der Generationenfolge dieser Familie die erste weibliche Akademikerin mit Doktorwürde und wissenschaftlichen Buchveröffentlichungen: eine bemerkenswerte Frau. Die Tochter dieser bemerkenswerten Frau, inzwischen Mitte sechzig, ist das „Ergebnis" einer akademisch-ehrgeizigen Mutter und dem Anspruch eines Familienmottos: Wir sind eine geistig hochstehende Familie.

Doch im Gegensatz zur Generation der Altvorderen hat sie nichts dergleichen erreicht. Sie kam in ihren Ausbildungsjahren in die Jahre des 2. Weltkriegs, zum Arbeitsdienst, war mit ihrem unehelichen Kind auf der Flucht, musste sich irgendwie durchschlagen und war schließlich froh, als Bankangestellte für sich und ihr Kind nicht viel, aber regelmäßig zu verdienen. Keine glanzvolle Karriere – und auch wenig geistig hochstehend!

Gerade das ist der Jammer ihres Lebens – nie konnte sie diesen verinnerlichten (Generationen- und Mutter-Anspruch) verwirklichen und leben. Ihr inneres Versagen, ihre Ohnmacht und eigene, vermeintliche Unfähigkeit, versucht sie zu kaschieren: Sie spricht gewählt, sie liest „hochstehende" Literatur, sie schmückt sich mit Fremdwörtern, sie treibt gezielte Korrespondenz mit „hochstehenden" Persönlichkeiten, sie studiert Lexika, informiert sich auf's Äußerste, schlägt nach ... Mit allen Mitteln versucht sie irgendwie diesem Leitbild nachzuleben und bleibt leider in rigiden und puristischen Anfängen stecken. Nie konnte sie sich von diesen familiären Vorgaben lösen – noch schlimmer, sie wurden ihr bis heute nicht bewusst – aber sie gibt sie mit Vehemenz an ihre Tochter und Enkelkinder weiter.

Jede Familie vertritt ein Leitbild, eine Lebensausrichtung und gibt dieses weiter und formt danach die Familienmitglieder. Und beobachtet man Familien unter diesem Gesichtspunkt, sind die „schwarzen Schafe", die verkrachten Existenzen, die „Ausbrüche" aus einer Familie meist die Kehrseite oder besser die Schattenseite des Mottos.

Nur einige wenige und bekanntere Familienmotti möchte ich aufzeigen:

- Wir sind eine traditionell geistig hochstehende Familie.
- Wir sind aus eigener Leistung stark.
- Wir sind etwas Besonderes.
- Schicksal kommt aus Gottes Hand. Wo Gott uns hingestellt hat, dort müssen wir ausharren.
- Wir sind aus eigener Leistung etwas Besonderes.
- Wir arbeiten auf ehrliche Weise. Ehrliche Arbeit ist körperliche Arbeit, Arbeit mit den Händen.

- Im Leben muss man sich durchschlagen. Leben ist schwer.
- In unsere Familie ist man sportlich, schlank, schön, ästhetisch usw.

Man könnte die Liste fortsetzen, und möglicherweise erkennen Sie bei etwas Nachforschen ihr eigenes Familienleitbild. Man findet die Spur zu den verborgenen Leitbildern leicht, wenn man dem Anspruch an sich selbst nachgeht: Was möchte ich erreichen, was sollte ich sein, was habe ich nicht erreicht, was tut weh bei dem Gedanken, dass ich nicht so oder so bin?

Das Familienmotto gibt den Platz in der Gesellschaft vor, den Anspruch auf einen Stand in der Gesellschaft, den Anspruch an die einzelnen der Familie. Vielleicht entwickelte sich dieses Familienleitbild aus einem Zunft- und Standesdenken, dem Komplex der „Familienehre". Wie auch immer, die, die nicht danach leben (können oder wollen), bewegen sich am Rand der Familie, werden also leicht ausgegrenzt. Haben sie trotzdem deutlichen und sichtbaren Erfolg, wird man sie in der Familie mit vorsichtigem Respekt behandeln, aber nicht in die Familienmitte integrieren. Haben sie keinen Erfolg, wird man sie abschätzig und respektlos behandeln, ausgrenzen und auch hier nicht in die Familienmitte integrieren.

Dies – die „heimlichen Botschaften" der Mutter, der Eltern, der Familie zu reflektieren, für sich durchsichtig zu machen, zu erkennen: Ja, das bin ich und so will ich sein oder nein, das bin ich nicht und danach will ich auch nicht leben, dies kann zur Aufgabe im Erwachsenenalter werden, das kann zur Ablösung von der Mutter führen. Sich bewusst machen, welche Antriebe, welche Motivationen einen bewegen, das anzuerkennen und zu bejahen oder, wenn man es nicht will, das entschieden, aber auch sanft zu verneinen, kann zu einer dringlichen Notwendigkeit für Töchter – auch für Söhne – werden.

Abschied von Wunschbildern

Es gibt Mütter, die nicht lieben. Sie können es nicht, vielleicht wollen sie es nicht. Sie haben lieben nicht gelernt. Sie selbst sind Defizitäre, Mangelwesen aus einem emotional-armseligen Familienmilieu. Das hat sie zerstört und hungrig entlassen. Sie wissen nicht, wie man Liebe gibt. Sie haben nie Anleitung erfahren. Ihre Herkunftsfamilie war so beschäftigt, abgearbeitet oder so narzisstisch-selbstverliebt, dass es ihnen nicht in den Sinn kam, Liebe zu geben. Aus dieser Mangel- und Notsituation ist alles darauf ausgerichtet, von anderen, Liebe zu sammeln, in sich einzuziehen und aufzusaugen. Besonders die Tochter lechzt nach permanentem Erfolg und Beifall. Diese Frauen ziehen sich wie ein Geflecht über alle nahen und nächsten Personen und saugen aus ihnen Lob, Anerkennung, Komplimente, Schmeicheleien usw.

Ihre Kinder sehnen sich so ursprünglich-elementar nach der liebenden Mutter. Aber dazu wird sie nie nie nie in der Lage sein.

„Vielleicht werden wir in unserer Gesellschaft tatsächlich erst in der Lebensmitte, wenn überhaupt, erwachsen“, schreibt Margarete Mitscherlich in ihrem Buch ‚Die friedfertige Frau’. Fast scheint es, als sei der Kampf um Abgrenzung und Loslösung von der Mutter in der Pubertät nur ein äußerer Kampf: Der Kampf um Belanglosigkeiten wie eine neue Haarfarbe, lackierte Fingernägel, länger ausgehen oder mit der Mutter nicht konformes, ungebilligtes Outfit, das Anderssein-Müssen als die Mutter nur der äußere Kampfplatz. Und das innere Entdecken der eigenen Persönlichkeit mit all den gebremsten Energien und Möglichkeiten geschieht, wenn überhaupt, erst in späteren Jahren.

In den Umbruchjahren der Lebensmitte werden unter Umständen die ungelebten, unterdrückten Möglichkeiten oft erst bewusst. Die Wunschbilder des kleinen Mädchens werden als die eigentlichen Wunschbilder der Mutter in der erwachsenen Frau entdeckt. Zu entdecken, dass man bisher nicht reflektiert gelebt hat, sondern im mütterlichen Vollzug, unter einer mütterlichen Vorgabe, das tut weh.

Zu entdecken, dass man die mütterlichen und verinnerlichten, damit eigengewordenen Wunschbilder nicht verwirklichen konnte, ist eine schwere Enttäuschung. Zu entdecken, dass man keine tatsächlichen eigenen Bilder, keine eigenen Vorstellungen und imaginären Träume in sich trägt, macht unendlich traurig. Zu entdecken, dass man sich auch (noch) in diesem Alter nicht gegen die Mutter und ihre Lebensleitlinien zu wehren weiß, macht hilflos und verzweifelt. Man fühlt sich ganz am Anfang: Noch nichts gewonnen und gelernt. Mehr noch, weiß man überhaupt, wer man ist?

Die domestizierte, geknebelte Psyche der Tochter weiß sich nicht zu helfen. Sie antwortet mit Depression, Resignation oder psychosomatischen Krankheiten. Ängste können übermächtig werden, Phobien oder Zwänge tauchen auf.

So sehr litt die Mutter von vier Kindern, Hannelore, ein Bild von einer Frau, groß, sehr stattlich, an ihren Ängsten, dass sie allmählich lebensunfähig wurde. Sie konnte ohne Begleitung einer Freundin, einer Nachbarin oder des Ehemannes nicht mehr aus dem Haus gehen. Sie konnte nur noch eingegraben hinter Vorhängen und Rollläden ihr Leben fristen. Verfolgt wurde sie von der Mutter: mit Vorhaltungen, Beschimpfungen, Demütigungen, in der Öffentlichkeit vorgetragenen Verleumdungen. Wie sie ihr so etwas (die Krankheit der Tochter) antun könne, noch nie sei sie richtig im Kopf gewesen, alle sprechen über die Tochter im Ort, immer nur Ärger mit ihr ... Die Mutter ging schließlich so weit, im Ort auszustreuen, die Tochter sei eben leider! geistig behindert.

Wie Hannelore unter Stocken und Schluchzen von den Verfolgungstaktiken der Mutter erzählte, war allen in der Gruppentherapie der Zusammenhang klar – nur Hannelore nicht. Sie verteidigte bei Angriffen ihre Mutter, verurteilte sich. Der ganze Wust von

Verunsicherungen und Negativwertungen der Mutter wurde deutlich und das so kleine, verletzte innere Kind dieser äußerlich so kräftigen Frau. Bei den anderen wurden Wut und Zorn fühlbar, ein aggressiver Hass auf diese Mutter und ihre Machenschaften fast greifbar. Eine absolute Empörung entstand und half dieser Tochter bei der inneren Umkehr vom Diktat der Mutter. Unter Tränen und sehr erschrocken fragte sie in die Runde: Darf ich denn das, mich gegen meine eigene Mutter wehren? Es heißt doch, du sollst Vater und Mutter ehren!

Es gibt Mutter-Tochter-Beziehungen, die nach Gesprächen und Auseinandersetzungen einen freundschaftlichen relativ partnerschaftlichen, erwachsenen Stil angenommen haben. Dahinter steckt Arbeit und ein Dranbleiben. Wer sich darauf eingelassen hat, weiß welche nervenaufreibenden tränenreichen Szenen überwunden wurden. Ein wirklich friedfertiges, harmonisches Miteinander-Umgehen kann sich entwickelt haben.

Manches wird man vielleicht nicht bewältigen können, aber man weiß darum und ist einigermaßen gewappnet. Es bleibt vielleicht ein Rest, mit dem man nicht gut umgehen kann, der die Gefahr mit sich bringt, dass man in alte Verhaltensmuster zurückfällt.

Die Frage aus dem Fragebogen: *Gegen welches Verhalten können Sie sich immer noch nicht wehren?* geht in diese Richtung. Je nach Grad der Abhängigkeit und Verklettung zwischen Mutter und Tochter bleiben eben noch ein paar „Schwachstellen". Wo diese sein könnten, dokumentieren die Antworten. Hier ein paar davon:

Töchter können nicht gut damit umgehen und haben Schwierigkeiten, bei der *mangelnden Entscheidungskompetenz der Mutter* oder, wenn Mütter behaupten *es sei nichts, dabei geht es ihnen deutlich schlecht, sie weinen* oder bei Müttern, die ihrer Tochter *unaufhaltbar bei Telefonaten die derzeitige Lebenssituation aller Geschwister referiert, selbst wenn sie auf dem Laufenden* ist.

Es gibt Verhaltensweisen der Mutter – ich fasse sie hier einmal stichwortartig zusammen – die Töchter nach wie vor hilflos und schwach machen können:

Asthma
Unbeholfenheit und Hilflosigkeit
Traurigkeit und Tränen
Schmeichelei
Lob
Vertraulichkeit
Emotionalität
Vorwürfe und schlechtes Gewissen machen
Liebesentzug
Machtmittel Geld (Versprechen und Entzug)
Sätze wie Ich finde nicht gut (war früher: Das darfst du nicht!)

Die vollkommen bereinigte Mutter-Tochter-Beziehung ist sicher eine Illusion, ein Wunschtraum. Wenn ziemlich viel Übereinkommen und Freiheit, erwachsenen Umgang erreicht wurde, ist schon viel erreicht. Wichtig ist, sich bewusst zu machen, wo die möglichen „Einknickstellen", die Punkte sind, an denen alte Muster wieder greifen: Das bringt Handlungsfreiheit. Und wenn sie dann doch auf die Klagen und Hilflosigkeiten der Mutter eingeht und zu helfen bereit ist, dann tut sie es bewusst im Hinblick auf Steuerung.

Wenn eine erwachsene Beziehung: Kooperation und Solidarität, eine Abgrenzung in Liebe zwischen beiden absolut nicht möglich ist, heißt das allerdings, den Tatsachen ins Auge blicken und Konsequenzen ziehen, die da heißen Abstand und Distanz.

Auch das ist ein Abschied von einer Illusion, der notwendig sein muss.

Und die Übermutter Kirche?

Man weiß von Rudolf Augstein, dem Herausgeber des *Spiegel*, einer gescheiten, intelligenten und unabhängigen Persönlichkeit, dass er aus der katholischen Kirche ausgetreten ist – ebenso wie sein Bruder. Interessant ist neben der Tatsache der Zeitpunkt: Beide Brüder erklärten ihren Austritt nach dem Tod der Mutter. Das muss nachdenklich stimmen. Einmal sucht man natürlich nach den Gründen des Austritts, dann – warum nach dem Tod der Mutter und nicht früher? Die Absage an die Verheißungen der Kirche kommt erst nach dem Tod: Offensichtlich getrauen sie sich erst danach. Die Mutter erlebt dies nicht mehr, es schmerzt nicht mehr, sie stirbt im heilen Weltbild. Andererseits: die Söhne tun ihr diesen Schmerz nicht an, sie vermeiden eine Auseinandersetzung, sie erklären sich nicht, sie bleiben Söhne und damit Kinder. Man denkt: Sie sind nicht mutig, sie riskieren keinen Eklat. Wahrscheinlich erklären sie die Mutter von vornherein als in dieser Sache nicht belastbar, sie fordern die Mutter nicht, sie erweitern ihre Grenzen nicht, sie belassen sie in ihrem Glauben, sie täuschen sie zu ihrem Besten, meinen die Söhne. Aber zeigen sie sich als Erwachsene? Und nehmen sie ihre Mutter als eine Erwachsene?

„Warum hast du deiner Mutter von deinem bevorstehenden Kirchenaustritt nichts gesagt“, frage ich meine Freundin. „Das wäre eine zerstörte Bindung gewesen, die ich ihr nicht antun wollte. Sie hätte zu sehr gelitten. Sie hätte es als Schock empfunden, als wäre ich aus der Welt gefallen.“

Offensichtlich ist die Bindung an die Kirche eine tiefe, geheiligte Bindung, die letzte Geborgenheit, das sichere Band zu Gott und seinem Schutz. Das Kind in diesem Schoß und in diesem Schutz zu wissen, ist für eine religiöse, gläubige Mutter eine große, unbeschreibliche Beruhigung und Sicherheit. Oder – die Herauslösung von Sohn oder Tochter wird diese Mutter in einen Schrecken versetzen, dass ihr Kind nun ohne Gott schutzlos und preisgegeben sein könnte.

Die Antworten auf die Fragebogenfrage nach der Ablösung von der Mutter Kirche sind dann auch so beantwortet, dass der Kirche anzugehören eben auch bedeutet, einer Kultur und einer christlichen Heimat anzugehören, einem kulturellen Abendland. Der Austritt wird dann so empfunden, als würde man mit einem Austritt alle diese lebensprägenden Bindungen abschneiden oder herausoperieren.

Besonders stark, direkt und lebensprägend ist die Verbindung zwischen einer Sekte als Glaubensgemeinschaft und ihren Mitgliedern. Diese Glaubensgemeinschaften sind zahlenmäßig verhältnismäßig klein, sie kennen sich oft gut, das Verhältnis ist dann untereinander besonders eng, besonders aufeinander bezogen: das wirkt wie eine Familie im Schulterschluss. Auch hier ist die Mutter in besonderem Maße diejenige, die Glauben, Gebete, Regeln und Rituale, Gebote und Zwänge weitergibt.

Die strenge Erziehung findet sich auch in der Erziehung zur Sexualität. Oder besser gesagt, es ist keine Erziehung *zur* Sexualität, sondern eine Erziehung *dagegen*, denn sie wird unterdrückt und totgeschwiegen. Auch sie, wie andere sinnliche und weltliche Freuden, die Lust am Essen, Trinken, Tanzen, Lieben: Genuss und körperlicher Ausdruck am Genuss werden rigoros unterdrückt, verboten, zur Sünde erklärt und mit Strafen bedroht.

Auf eine meist unglückliche Weise vermischen sich die Hüter der Moral: Mutter und Kirche – die Mutter als Erzieherin, als verlängerter Arm kirchlicher Moralvorstellungen und der Verurteilung der Lust am Körper und seiner Sexualität. Insbesondere und gerade beim weiblichen Geschlecht waren strikte Verbote, Reglementierungen und Unterdrückungen. Sexuelles Wünschen und Begehren wurde früh von der Mutter peinlichst genau überwacht, gesteuert, unterdrückt, verhindert, verboten, wie von der christlichen Kirche diktiert und dann von der Gesellschaft übernommen.

Die Zeiten sind vorbei, und doch spielen noch immer und immer wieder vorgestrige Moralvorstellungen unterschwellig in das Leben der Töchter mit hinein. Der Ausschluss von Frauen aus einer Männer-Verantwortung der Kirche, Gewissensbisse und schwere Schuldgefühle machten Frauen gefügig und gehorsam, andere hilflos und unglücklich, wieder andere rebellisch und aufsässig. Wie gut wäre ein ernsthaftes, tiefgreifendes verantwortliches Gespräch gerade um diese Themen. So bleiben um Fragen und Antworten ringende Frauen sich selbst überlassen. Die Frauenfeindlichkeit der katholischen Kirche treibt immer neu ihre alten Blüten.

Theresa P., 29: ist Katholikin, unverheiratet und noch unter Dreißig. Damit ist sie in einem modernen Dilemma – im ewig alten, wie man's nimmt, zwischen Kirchengebot und Individuumssexualität.

Nun muss Theresa ihren eigenen Weg daraus suchen. Denn Theresa ist von ihren Eltern bewusst modern und kritisch erzogen, und sie ist eben nicht so, wie die katholische Kirche sich immer noch die Frau in der Kirche wünscht: nur hilfreich und arbeitsam, gefügig ohne eigenen Gedanken, belastbar und wie ein bisschen geistig minderbemittelt. Theresa kann denken. Und jeder, der denken kann und gleichzeitig glauben möchte, muss unweigerlich in dieses Dilemma kommen.

Also bahnt sich Theresa schließlich ihren eigenen Weg durch das Paradies der Liebe und die apostrophierte Hölle der Kirche. Wenn sie sehr in Zweifel gerät, sucht sie Pater Georg auf – einen Benediktinerpater. Sie geht dorthin, wo sie schon einmal Aufgeschlossenheit erfahren hat. Denn ginge sie zu Pfarrer Y., dem Pfarrer der eigenen Gemeinde, weiß sie im voraus, was er ihr sagen wird, und sie weiß, dass er nur verdammt und verdonnert und sie lebensunfä-

higer und zwiespältiger von ihm geht, als sie vorher war. Pater Georg aber antwortet ihr aus einem weiten Herzen. Er umschreibt viel, er legt sich nicht fest, aber er verurteilt auch nicht. Er legt die Verantwortung für sie selbst in ihre eigenen Hände zurück. Er gibt keine Rezepte, weil er versteht. Manchmal denkt sie, er drückt sich vor einer klaren Stellungnahme, wie kann er auch, er müsste ja der eigenen Kirchenmeinung in den Rücken fallen! Manchmal ist sie ihm dankbar, dass er ihr es nicht leicht macht, an ihre Nachdenklichkeit und Verantwortlichkeit appelliert.

Theresa liebt, und sie liebt gern. Inzwischen lehnt sie schnellen Wechsel ab. Von hemmungslosem Ausleben von Sex, Promiskuität und Dreier- oder Vierer-Nächten hält sie nicht mehr viel.

Ja, sie gibt der katholischen Kirche recht – sie ist inzwischen ziemlich strikt und heftig dagegen. Sie hat erkannt, dass beziehungsloses Antörnen und Aufgeilen jede Nacht der Seele schadet. Sie stellt fest, dass sie eine Würde, etwas Heiliges verliert.

Theresas neues Ziel ist ein Dranbleiben am anderen, eine Treue, eine verlässliche, wertschätzende, irgendwie „heilige" Beziehung, etwas, was über Körperlichkeit und die nur bloße Lusterfüllung hinausgeht. In einer solchen Beziehung, die Beständigkeit, Vertrauen und nicht nur materielle Werte beinhaltet, soll man sich allerdings von Herzen lieben können, lieben können dürfen.

So kommt es, dass Theresa eine interessierte Katholikin bleibt, aber nicht mehr viel nach der Kirche fragt, sondern den Papst einen lieben guten alten Mann sein lässt. Soll er doch vertreten, empfehlen, erlassen in Rom, was er will, sie hört schon lange nicht mehr darauf! Es geht am Leben, wenigstens an ihrem normalen, schwierigen und zu bewältigendem Leben glatt vorbei. Und – sie wirft ihm vor, dass er sie alleine lässt, das Leben zu bewältigen mit seinem muffigen, mittelalterlichen, unzeitgemäßem Denken. Sie wundert sich und wirft ihm vor, dass ein solch herausragender Mensch, der doch denken kann, der doch sicher in Lebens- und Glaubensfragen sensibilisiert ist, das Dilemma der modernen Frau nicht sieht und keine Anstrengung unternimmt, sich keine Mühe macht zu differenzieren, Antworten zu finden auf die Probleme der Frau, auch der Männer, in dieser so vielfältig verschiedenen Welt.

Wie gut, dass es Mittler gibt wie Pater Georg. Wie gut, dass er sich Zeit nimmt, bespricht und zu Bedenken gibt! Wie schade, dass die Kirche nur Verbote und Drohungen ausspricht, wie schade, dass sie diese Art von Auseinandersetzung nicht anregt und aufgreift und so die Chance der Kirche als Diskussionspartnerin, Begleiterin und Mediatorin zwischen der materiellen und der geistigen Welt versäumt.

Theresa bedauert das – und solange sich nichts ändert, trickst sie Papst und seine Kirche aus!

IX Verzeihen und Versöhnen

Die „innere“ Annäherung

Verena N., 19: In einer Fernsehreportage wurde zum Thema Mutter-Tochter eine junge Stricherin gezeigt. Eine mit einem langen Leidensweg. So jung und schon so zerschlagen, so zerstört, zerkratzt im Gesicht, zerstochen an den Armen, zerrissen und zernichtet. Erst 19 Jahre und schon alles erlebt an Scheußlichkeiten. Jetzt war sie auch noch zu ein paar Jahren Haftstrafe verurteilt. Das, was sie aber dann bis ins Mark trifft, ist die Reaktion ihrer Mutter: Auf die Verurteilung zur Haft sagt die Mutter: „Schade, dass sie dir nicht noch mehr aufgebrummt haben. Schade!“ „Das sagt meine Mutter, das sagt meine Mutter!“ und dabei weint sie, nein, es schüttelt sie. Hinter dem Panzer aller schlechten Erlebnisse entdeckt man ein kleines Mädchen, das tief-verzweifelt weint. Der letzte Rest an Hoffnung und Vertrauen, der letzte Urgrund von Geborgenheit ist mit diesem Satz der Mutter zunichte: „Schade, dass sie dir nicht noch mehr aufgebrummt haben!“ Den letzten Halt hat diese Mutter dem Mädchen genommen. Was bleibt, ist tiefste Verzweiflung, die größte Erschütterung und Hoffnungslosigkeit: Die letzte Aufkündigung ihrer Person geschieht von der eigenen Mutter!

Die Mutter ist der Urgrund, das Urvertrauen, die ungeteilte Übereinstimmung mit uns selbst. Was aber, wenn wir erfahren, dass diese Grundannahme nicht stimmt? Wenn wir erkennen müssen, dass die Mutter uns ablehnt, wir ihr gleichgültig sind, sie uns täuscht, belügt, verachtet, gering schätzt, verabscheut und sogar hasst?

Irgendwann einmal sind wir all der Auseinandersetzungen müde. Über Demütigungen, Missverständnisse, Streitereien, Vorwürfe,

Ablehnung hinweg haben wir große Sehnsucht, nach einem inneren Heil. Niemand kann uns dieses Heil geben: nicht die Mutter, kein Freund, keine Freundin, kein Ehemann, und seien sie uns noch so sehr liebend verbunden. Versöhnung und Befriedung liegen in uns selbst.

Das heißt: unser Nichtangenommensein akzeptieren und ertragen. Es war so. Es ist so.

Wie also diese Enttäuschung und Trauer bewältigen? Wüten, hassen, trauern, resignieren, verdrängen, sich verkriechen? Eine Möglichkeit ist das innere Gespräch:

Hier ist die Person einer Frau, die meine Mutter ist. In welcher Familie ist sie aufgewachsen? Wie wurde sie erzogen, welches Lebensgefühl, welche Werte wurden ihr anerzogen, was ist ihr wichtig, wovon hat sie sich freigemacht, was konnte sie nicht bewältigen, wie und wovon konnte sie sich lösen?

Das bedeutet ein inneres Eintauchen in die Person der Mutter, die Mutter, die man nicht erreichen kann, obwohl sie noch lebt, oder nicht mehr erreichen kann, weil sie schon tot ist.

Wir werden über sie nachdenken,
uns einfühlen,
ihren Lebensweg nachspüren,
uns ihre Erziehung vergegenwärtigen,
uns die Zeit, in der sie gelebt hat, klar machen,
für ihre Situation und ihren Lebensweg Verständnis entwickeln,
mit ihr mitfühlen und mitleiden.

Wir entwickeln
Verständnis,
Akzeptanz,
und Wohlwollen.

Fotos können uns helfen, die Stationen im Leben unserer Mutter zu verdeutlichen. Da sind die vielen Gesichter unserer Mutter: das süße kleine Kind, das junge Mädchen mit ein bisschen Carmen im Blick, die junge Frau mit ihrem ersten Kind und einer süßen Innigkeit in ihren Gesichtszügen, die Mutter im Kreis ihrer Kinder, das Jüngste auf dem Schoß, jetzt, hier ist sie schon älter mit ersten Spuren von Enttäuschungen, dann unsere Mutter als Großmutter, ein fragender Ausdruck, etwas ängstlich eher. Und hier, hier bei ihrem Siebzigsten, wie jung sie aussieht, glücklich, so zufrieden! Etwas geschieht in uns, etwas Wunderbares: Eine Beruhigung tritt ein. Frieden breitet sich aus. Wir fühlen Verständnis für die Mutter. Im Grunde ist sie schon ganz in Ordnung, denken wir schnell. Wir sehen, es ist eine Frau mit unterschiedlichen Gefühlen, ein Mensch, fröhlich und stolz, erschüttert und niedergeschlagen – wie wir auch. Da ist auch nichts mehr von einer erdrückenden Übermacht. Schließlich verstehen wir, warum sie so geworden ist, wie sie ist.

Helene D.,72: Da ist die Mutter aus dem behüteten vermögenden Elternhaus, so jung, so froh, der das Leben dann ordentlich mitspielt: Der erste Verlobte starb an einer unheilbaren Krankheit, dann die zweite Verlobung, die Ehe. War's das große Glück? Vielleicht eher nicht? Ein Kompromiss? Schwierige Schwangerschaften. Eine Totgeburt. Dann das erste Kind: ein zartes, kränkliches kleines Mädchen: Ich!

Die Erfahrungen und Erlebnisse sind austauschbar, jedes Mädchenleben beginnt erwartungsvoll-neugierig und erleidet Korrekturen, wenn man es sachlich benennen möchte: Rückschläge, Enttäuschungen, Verluste. Ich sehe: Das Leben der Mutter ist ein Leben wie meins, so hoffnungsfroh, so erwartungsvoll, so enttäuschend und auch so traurig. Auch sie war verletzlich. Wir werden weich in unseren Gefühlen. Gefühle der Anteilnahme tauchen auf. Wut und Hass und Trauer weichen einem Mitgefühl. Aufmerksamkeit für ihr Schicksal wächst, und meines ist nicht mehr so wichtig. Ich wachse über meinen persönlichen Mutter-Tochter-Schmerz hinaus. Ich trage in diesem Moment des „inneren Gesprächs“ nicht mehr nach. Ein Verzeihen kann stattfinden.

Freund miteinander sein

Wie liebend gern würde ich mich immer noch in die Angelegenheiten meiner Töchter mischen, denn ich weiß, was für sie gut ist. Auch müssten sie mich öfter besuchen, damit der Faden nicht abreißt! So könnte ich alles noch viel genauer wissen und erfahren!

Mit der selben Vehemenz würde ich gerne meine Mutter dirigieren, weil ich die bessere Übersicht habe, schneller und zielsicherer bin. Zumindest glaube ich das von mir!

Ich habe dann allmählich gelernt oder lernen müssen, mich und meine Meinungen zurückzunehmen – meine Vorstellungen und Aktivitäten zur Lebensbewältigung der anderen zurückzuhalten – perfekt gelingt es mir nicht, aber ich mühe mich. Ich habe mir vorgenommen:

- Ich will den anderen in seinen Bedürfnissen verstehen.
- Ich nehme Abschied von der Einmischung.
- Ich habe kein Recht auf Bevormundung.
- Ich empfinde Freude an der Begegnung mit dem anderen.
- Ich bin neugierig: Der andere ist wie ein anderes Land und eröffnet mir eine andere Welt.

Beziehungen, auch zu Familienangehörigen, verändern sich ständig. Was sich hartnäckig hält, sind die Ansprüche und Erwartungen an diese Familienbeziehungen. Sie müssen so und so sein – hoffen wir, erwarten wir, beanspruchen wir. Wir haben ein Bild in uns, wie die Beziehung zueinander aussehen muss, weil sie immer so war oder weil die Beziehung bei Frau XY auch so oder so ist. Wir vergleichen Beziehungen zu früher, zu nebenan, als ob sie vergleichbar, abrufbar und wiederholbar wären – und sind enttäuscht, wenn sie nicht der (eingebildeten!) Erwartung gemäß immer wieder gleich verlaufen. Wobei wir immer von den Superlativen ausgehen, die wir vielleicht einmal erreicht und erlebt haben, meistens jedoch von denen, die wir uns erträumen.

Was uns auch bleibt und schwer zu schaffen macht, sind unsere Emotionen und Affekte. Wir reagieren, wie immer, wie wir es gelernt haben, wie wir eine Beziehung lange fixiert haben. Ohne darüber nachzudenken, wiederholen wir „Spielregeln" und automatische Abläufe. Nur in Verträgen zwischen Fremden und Geschäftspartnern handeln wir Vereinbarungen, Regeln und Absprachen aus. Kündigungen und Abänderungen sind möglich, nicht aber bei unseren innersten, nächsten und intimsten Beziehungen. Hier treffen uns die immer wieder gleichen, ungeliebten Situationen auf die immer gleiche Weise und mit der immer selben Wucht.

Ich aber will jetzt:

- zuhören
- nicht bewerten
- keine Ratschläge von mir geben
- Hilfen reduzieren

Christa O., 52: ist eine schlanke, großgewachsene Frau, Lehrerin für Sport zur Anstellung, wirkt emanzipiert und als ob sie ihr Leben im Griff hätte ... Das Thema Tochter-Mutter aber bringt sie ins Schleudern. Es ist erstaunlich, wie schnell nur ein paar Sätze das Bild verändern. Aus der gelassenen, eher präzis wirkenden Frau wird beim Thema Mutter ein hilfloses, kleines Mädchen: Sie sind zwei Geschwister. Die Mutter lebt in einem Altersheim in Norddeutschland, der ältere Bruder in nächster Nähe der Mutter. Doch – der Bruder ist für die Mutter nicht zuständig, der Sohn wird von der Mutter nicht verlangt. „Er hat ja doch so viel zu tun, immer auf Auslandsreisen und jetzt will er auch noch sein Büro erweitern ...“, entschuldigt ihn die Mutter, wie immer! Das bringt die Tochter so in Rage, dass sie sich ereifert und laut wird. Der Bruder muss nicht, nein, sie muss. Der Bruder kann sich alles erlauben, sie nichts. Der Bruder ist der Immer-Prinz, sie das Ewig-Aschenputtel. Sie muss anrufen, klären, von Süddeutschland zur Mutter reisen und alles regeln – und macht es schließlich doch nicht ganz so recht, nicht, wie der Sohn es täte, wenn ... Aber er ist ja außen vor!

Wo kann hier eine Änderung stattfinden? Denn klar ist, die Mutter braucht Hilfe, man kann sie nicht im Stich lassen, der Sohn aber kneift. Also immer weiter in diesem festgefahrenen Rollenspiel? Also immer weitermachen in dieser ewig alten Wut und Angst?

Zunächst einmal wird es wichtig sein, sachlich zu überlegen und Emotionen und Affekte einmal zurückzudrängen. Die Mutter ist noch nicht so alt und schwach, dass sie nicht auch manches allein für sich erledigen könnte. Im Gegenteil, sie könnte dadurch mehr Lebensinhalt gewinnen. Den Bruder muss man nicht so sehr schonen – es hat sich zwar eingespielt, dass die Mutter ihn nicht beansprucht und die Tochter dafür einspringt – aber muss das denn immer so bleiben?

Ängste vor Schwierigkeiten und Wüten über die bisherigen Ungerechtigkeiten müssen nicht sein, wenn man sich zu dieser Haltung durchringt: Die Mutter braucht Hilfe, die will ich ihr nicht vorenthalten, aber über mein Ausmaß an Hilfe kann ich selbst bestimmen. Ich muss nicht der „Springer“ sein.

Wir suchen nach anderen Möglichkeiten: Eine Aussprache mit dem Bruder wird vermutlich eine Lösung bringen. Eigeninitiative der Mutter können angeregt werden oder, je nach Fall, kann man einen neutralen Dritten dazwischenschalten. Nicht das ist das Ziel, sich unbedingt selbst zu entlasten oder die Mutter auf ihre alten Tage allein „wursteln“ zu lassen, sondern aus dieser innerlich aggressiven, abhängigen und affektiven Situation herauszukommen. Ein gutes Stück Souveränität zu gewinnen, könnte das Ziel sein oder heraus aus der Ohnmacht!

Sylvia P.: Sie hat aus der mütterlichen Verfügungsgewalt für sich einen konsequenten Weg gefunden. Sie ist die Stütze der 90-jährigen Mutter – keine Frage. Sylvia ist für ihre Mutter da, besonders in Notfällen. Dass sich die Mutter absolut auf Sylvia verlassen kann, hat Sylvia oft erklärt und auch bewiesen. Darum geht es nicht, es geht um die kleinen geheimen Machtspielchen, die sich Mütter ausdenken können: Sylvia kauft einmal in der Woche für die Familie ein – auch für die Mutter. „Also, du brauchst nur zu sagen oder aufzuschreiben, was du willst ...," sagt Sylvia. Der Einkauf wird getätigt, alles der Mutter vorbeigebracht, ausgepackt und eingeräumt. Gleich an diesen Nachmittag ruft die Mutter an, sie hätte ja keine Erdbeeren mitgebracht, jetzt, wo doch Erdbeerenzeit sei, hätte sie die 90-jährige, alte Mutter keine Erdbeeren!, wo sie doch immer in der Erdbeerzeit alle, auch Sylvia, immer hätten Erdbeeren essen dürfen, so viel sie hätten wollen! – Das Klagelied der Mutter! Sylvia war betroffen, fühlte sich schuldig, wollte schon fast Erdbeeren holen, es irgendwie möglich machen, nachgeben – aber – sie hat es nicht getan. Sie erklärte der Mutter, geduldig, liebevoll, aber mit Konsequenz, die Abmachung heiße, Einkauf einmal die Woche, sie hätte doch Wünsche äußern können, wenn sie das heute vergessen hätte zu sagen, dann wäre sie gerne bereit, das nächste Mal daran zu denken, noch besser sei der Aufschrieb auf der Einkaufsliste.

Sylvia erzählt das sehr klar, logisch, nicht hart, aber es war ihr doch wichtig, ihrer Mutter das mit unmissverständlicher Deutlichkeit klarzumachen, dass sie für sie da ist, nicht aber für ihre Einfälle und Launen ...

Das macht eine reife Tochter-Mutter-Beziehung aus, dass man die „Trickkiste" der Mutter schließt, dass man reflektiert und erkennt, wo die „Fußangeln" sind, welche „Geschichten" immer wieder und wieder in allen Spielarten wiederholt werden und die immer gleiche töchterliche Reaktion hervorrufen.

Diese wütenden, affektiven töchterlichen Reaktionen gilt es einmal bewusst zu machen und sich zu sagen, darauf steige ich nicht mehr ein: Ich Tochter sehe, wo und wie sie, die Mutter, mich im alten Spiel halten will, aber ich gehe darauf nicht mehr ein.

Ich baue mit Souveränität und Gelassenheit, die Beziehung auf, die ich mir wünsche und die entsprechend dem Lebensalter und der körperlichen wie geistigen Verfassung der Mutter noch zu leben ist.

Wir durchschauen die mütterlichen „Bindemittel": Einige davon heißen:

- Ich bin so krank, wie kannst du mir das antun, mich aufregen, mich im Stich lassen ...
- Die Tochter der Nachbarin, Freundin XY tut das auch ...
- Deine Schwester, dein Bruder sind immer so nett zu mir ...
- Alle kümmern sich so liebevoll, zuvorkommend um mich, nur du nicht ...
- wenn du dies oder das tust oder nicht tust, dann bekomme ich einen Anfall (Herz- oder Husten-, Migräne-) ...
- Nie besuchst du mich, telefonierst du ...

Der beste Weg zu einer reifen Beziehung ist die Erkenntnis der Situation, ein konsequenter Wille zu einer veränderten Beziehung, Gelassenheit und Humor.

Gelassenheit entkräftet die deutlichen und unterschwelligen Vorwürfe. Auf den Satz: „Nie putzt du mir die Fenster wie die Tochter von Frau X, die extra f ü n f Stunden unterwegs ist, um ihrer Mutter die Fenster zu putzen ..." reagieren Sie gelassen. Sie sind nicht eingeschnappt oder gekränkt oder wütend, sondern entgegnen heiter: „Nein, ich putze dir die Fenster nicht! oder Sie sagen mit humoriger Stimme: „Ach, wie schade, jetzt könnten wir einen wunderschönen Ausflug ins Café „Zur guten Aussicht" machen, aber jetzt muss ich wohl erst Fenster putzen und dann muss ich wieder fahren ..." Bestimmt ist Ihrer Mutter das Café „Zur guten Aussicht" wichtiger ...

Es ist also Geschick, ein bisschen Jonglieren, vielleicht auch ein bisschen Seiltanz in der Beziehung zur Mutter nötig, Mut eben auch, denn mancher Absturz könnte kommen.

Wichtig ist auch im Auge zu behalten, was man an Stelle der alteingefahrenen Verhaltensmuster an neuem Verhalten erreichen will. Möchte man von den ewigen Krankengeschichten und Friedhofserlebnissen der Mutter zu einem anderen Gespräch kommen, muss man das neue Thema auch anschneiden, notfalls mit Hartnäckigkeit immer wieder in die Wege leiten, mit Lächeln das Gespräch von Krankheiten immer wieder auf das lenken, was man besprochen haben möchte: die eigene Kindheit, Geschichten aus der Familie, politische Vergangenheit, den Werdegang der Mutter, des Vaters usw.

In den meisten Fällen lässt sich die Beziehung dorthin verändern, wo man sie gerne haben möchte, wenn man in einer persönlichen Analyse die „Fallen" erkannt hat, den Mut aufbringt, von einer unaffektiveren Warte aus konsequent ein anderes Verhältnis anzustreben. Mit der Zeit wird es gelingen.

Manchmal braucht es auch einen Schnitt, eine schmerzhafte Distanz zwischen Mutter und Tochter. Die Tochter muss unmissverständlich erklären: So und auf diese Weise möchte ich nicht mehr mit dir verkehren. Entweder du änderst oder ich möchte im Augenblick nichts mehr mit dir zu tun haben!

Dies ist die Deutlichkeit der Töchter Müttern und auch der Welt gegenüber. Wir Älteren erlauben uns diese Form von Deutlichkeit meistens nicht, aber es könnte gut tun und vieles klären ...

Der Schnitt in Beziehungen ist manchmal notwendig – eine rasche, klare Aussage: „So nicht!" ist der Anfang zu einer neuen, konstruktiven Beziehung.

Denken wir doch an einen Blumenschnitt: Einmal kräftig die Schere angesetzt und zurückgeschnitten, ist nur kurze Zeit ein Verlust von „Fülle". Ein bisschen kleiner, bescheidener, auf die Substanz zurückgeschnitten, wächst Neues, kräftig, oft üppig und kommt zu einer ungeahnten neuen Blüte.

Der Weg zur eigenen Stärke

Am Grab der Eltern stehen wir – wenn auch noch so viele Menschen uns umgeben – sehr allein, allein mit unserer Vergangenheit, allein mit unserer Zukunft. Die unermüdlichen, stillen Begleiter sind tot. Spätestens jetzt wird uns klar, wie uns die Zeit ins Alter schiebt und wir wissen, die nächsten in unserer Generationenkette sind wir. Das unausweichlich Unerbittliche erschreckt uns. Angesichts des Todes fühlen wir uns sehr klein, sehr hilflos und ungeborgen in der Welt. Das letzte Band ist auch gelöst oder wie die Freundin schrieb, „das Dach fehlt".

Meistens sind wir zwischen fünfzig und sechzig, wenn wir bei uns veränderte Standpunkte wahrnehmen. Wie zufällig ist manches von uns abgefallen: mit wachsendem Alter verschieben sich Prioritäten. Zeit bekommt eine andere Dimension, Eitelkeiten werden durchschaut, Schönheit und Attraktivität, Erfolg und Leistung, bisher unerfüllte Wünsche, alles erhält langsam einen anderen Stellenwert.

Und noch einmal erwerben wir uns einen anderen Standpunkt, wenn Mutter oder Vater gestorben sind. Jetzt sind wir Inhalt und Ausrichtung in einer Familie. Und wie von selbst werden wir stark und ausdrucksvoll in dieser Rolle. Und bei manchen älteren Söhnen oder Töchtern ist zu beobachten, wie sie nach dem Tod des Vaters oder der Mutter in deren Rolle hineinwachsen, fast als zögen sie ein neues Kleid an. Auf einmal entwickelt sich der bisher undefinierte und eher schwache Sohn wie der Vater und erblüht zu voller Größe. Oder die Tochter wird immer mehr der Mutter ähnlich, äußerlich wie innerlich. Mit dem Tod der Mutter begräbt sie Antihaltungen, Protest und Kontroversen und besinnt sich auf die „alten“ Werte, auf das Gemüthafte in der Familie, auf Traditionen und Geschichten.

Rückblickend stellt diese Generation der Fünfzigjährigen oft fest, dass das Leben bisher eine Durchgangspassage war, dass sie Leben passiert haben, so gut es ging, mit Anstrengung und auch Erfolg gewiss, dass sie aber jetzt an diesem Lebenszeitpunkt an einem „Innehaltepunkt" angekommen sind, wo sich vieles auf unerklärliche Weise neu ordnet.

Wir haben unsere Position gefunden. Vieles ist nicht mehr so wichtig, die früheren Anstrengungen, das oder das zu erreichen, werden sogar belächelt. Mit Humor geht man mit sich um. Ehrgeizziele betrachtet man oft wie Kindersünden – nicht, dass man keine Ziele und Zukunftshoffnungen mehr hätte, sie aber sind ganz anderer Art.

Es ist das Leben keine Frage mehr von Angenommensein oder Nichtangenommensein, von Kampf und Niederlage, von Sich-für-sich-selbst-stark-machen, Sich-anpassen oder Versagen. Wir haben unseren Platz in dieser Welt, auch unseren Standpunkt erlernt und können dort an einer kleinen, mittleren oder großen Stelle mit uns leben.

Wir haben unsere Mitte gefunden, das heißt, dass wir mit unseren Gefühlen, Wünschen, Leistungen und Entscheidungen in einem freischwebenden Zustand zufrieden sind, vergleichbar mit einem auf einer Insel, der die natürlichen Begrenzungen erfasst, Notwendigkeiten und Freuden innerhalb dieser Grenzen erlebt und trotzdem voll auskostet. Eine innere Qualität zu leben entsteht, und das ist wahre Stärke!

Viele der Fünfziger leben nicht mehr den Kontrast zur Welt, nein, sie beginnen Gemeinsamkeiten zu suchen, manche betreiben Ahnenforschung der eigenen Familie oder sie wenden sich historischen oder politischen Gebieten zu, manche der Vereinsarbeit, aber nicht unter dem Gesichtspunkt von Leistung und Repräsentanz, viel mehr unter dem Gedanken des Bewahrens und Weitertragens. Die innere Linie von Gründungsgedanken und Vereins- oder Familienmotti möchten entdeckt und fortgeschrieben werden.

An meiner Schwester, gerade sechzig geworden, kann ich den langsamen Wandel studieren. Wie sehr und immer mehr sie doch meiner Mutter ähnlich wird, bei trotzdem großen äußeren wie inneren Unterschieden. Dinge, die sie vor Jahren noch protestierend-aggressiv selbst gelebt und für sich verteidigt hat, bekommen in ihrem Mund einen sanften Glanz. Etwas Konservativ-Bewahrendes ist in ihre Gedankenwelt eingezogen: Kinder sollen sich im Alter unserer Töchter verheiraten und nicht in „wilder Ehe" leben, Besitztum wird erhalten, gepflegt und vermehrt, und nicht spekulativ gewechselt oder veräußert. Traditionen werden erinnert, brechen auf und leben unsichtbar mit. Ich werde das Gefühl nicht los, dass Schwester und Mutter eine andere Sprache sprechen als ich, die ich nur zehn Jahre jünger bin.

Tatsächlich suchen Frauen in diesen Jahren die innere Begegnung mit den Frauenfiguren der Familie: Sie erinnern sich, wie die Großmutter war, welche Stärken sie hatte und was noch heute so in der Erinnerung ist, dass man beim Gedanken an sie wehmütig und sehnsüchtig wird. Ähnlich durchleben wir die Mutter, die Tanten und Großtanten, die Urahninnen, von denen wir – wenn überhaupt – nur ein blasses Bildchen haben, aber eine Fülle von Begleitgeschichten vielleicht, um unsere Phantasie auf sie zu richten und ihr Leben auszumalen. Wir finden uns eingebettet in eine große Familienfrauen-Gemeinschaft, deren Glied wir sind, deren Bedeutung und deren Willen wir weitertragen – und das gibt ein ganz anderes Bild von der Welt, ein anderes Netz von Beziehungen, andere Kraft und Stärke. Hier sind wir eingebunden in die Tradition der Werte unserer Familie, unseres Landes und haben die Aufgabe das in die Generation unserer Kinder weiterzutragen. Und wie es sich oft so schön trifft: Die eigenen Kinder sind gerade junge Eltern geworden und suchen ihrerseits nach Ursprung und Herkunft ihrer Familie, weil sie ja jetzt auch zu einem Teil des „Stammbaums“ geworden sind.

Übungen zur Geduld

Wie heißt es im 1. Korintherbrief, Kapitel 13?

„Die Liebe ist langmütig und freundlich, die Liebe eifert nicht, die Liebe treibt nicht Mutwillen, sie blähet sich nicht, sie stellet sich nicht ungebärdig, sie suchet nicht das Ihre, sie lässet sich nicht erbittern, sie rechnet das Böse nicht zu, sie freuet sich nicht der Ungerechtigkeit, sie freuet sich aber der Wahrheit, sie verträgt alles, sie glaubet alles, sie hoffet alles, sie duldet alles: die Liebe höret nimmer auf ... Nun aber bleibt Glaube, Hoffnung, Liebe; diese drei! Aber die Liebe ist die größte unter ihnen.“

Es ist gut, uns in Gedanken an die Mutter mit Liebe zu erfüllen. Wir vergegenwärtigen uns: Sie ist dieser Mensch, der uns in erster

Linie bewirkt hat. Sie war Fürsorge, unsere Pflege, unser Halt, voller Liebe. Dass sie nicht perfekt war, war nicht anders möglich. Dass sie Fehler und Einschränkungen zeigte, macht sie menschlich. Aber daran wollen wir jetzt nicht denken, sondern uns an all das Gute in unserem Verhältnis erinnern. Wir können unser Verhältnis heil machen, heiligen, wenn wir mit Liebe an sie denken. Sie verdient, dass wir sie ehren und mit Liebe begrüßen. Wir lassen alle vergangenen oder auch augenblicklich gegenwärtigen negativen Erfahrungen und erfüllen uns mit Sympathie und Liebe zu ihr. Dass sie uns gekränkt und verletzt hat, soll nicht vergessen oder verdrängt sein, sondern soll in Liebe von uns aufgelöst werden. Wir verzeihen. Wir tragen Verfehlungen nicht nach, sondern suchen unseren Anteil an ihren Verfehlungen unter dem Motto: Es sind immer zwei, die sich gegenseitig bewirken – auch einen negativen Zustand.

Werten wir unsere Eltern nicht ab, insbesondere unsere Mutter nicht, dass sie uns zu wenig zugetraut, dass sie uns häufiger kritisiert als gelobt, dass sie uns mit anderen Kindern verglichen hat, dass sie ungerecht mit uns war!

Eltern: Väter, Mütter sind auch nur Menschen mit einer eigenen Vergangenheit, mit einer eigenen Kindheit, einer eigenen Erziehung.

Heute sind unsere Eltern für unsere Erziehung nicht mehr verantwortlich. Einmal hört das auf, einmal beginnt Eigenverantwortung und Selbsterziehung! Seien Sie bereit, für Ihr Leben und Ihre Probleme Eigenverantwortung zu übernehmen.

Ihr Selbstwertgefühl hat sich im Laufe der Kindheit, Ihrer Jugend und Ihres Erwachsenwerdens entwickelt. Heute ist Ihr Selbstwertgefühl aber davon abhängig, was Sie von sich denken, wie Sie es pflegen und wie sehr Sie sich selber mögen und sich dafür einsetzen.

Destruktiv nach Rückwarts zu schauen und zu klagen, ist eines Tages überholt. Phantasievolle und mutige Lösungen sind angesagt, das ist immer möglich – in jedem Alter!

In diesem Zusammenhang helfen uns ein paar Übungen:

- *Die Übung mit dem goldenen Licht:*
  Bei negativen, grüblerischen und vorwurfsvollen Gedanken und Erinnerungen an die Mutter erfüllen wir uns mit einem goldenen Licht. Wir konzentrieren uns auf ein sanftes goldenes Licht, das uns und unseren Körper ausfüllt. Besonders in unserem Herzen denken, erleben und fühlen wir goldenes Licht. Wir beginnen mit den Füssen. Aus dem Boden strömt goldenes Licht in die Füße, steigt die Beine hinauf, erfüllt unseren Körper, geht in den Unterleib, den Magen, das Zwerchfell, das Herz, die Leber, Nieren, Lunge, den Kehlkopf hinauf, strömt in unser Gesicht, in den Mund, die Nase, die Wangen, die Augen, hinauf in die Stirn, in die Haare, umgibt uns wie ein Mantel, wie eine Hülle. Wir sind wie in einem goldenen Nest.
  Bei jedem destruktiven Gedanken, vor einem anstrengenden Telefongespräch oder einem schwierigen Besuch bei der Mutter, denken wir uns und tauchen wir uns in diese Fülle goldenen Lichts. Das erweitert unser Herz, macht uns ruhig und bereit – fast als hätten wir eine Schutzschicht, einen Schutzmantel vor Gefahr und Angriff. Das nimmt alles Dunkel in uns und löst in goldenem Licht auf. Es macht uns stark gegenüber Angriffen. Wir atmen ruhiger, spüren Gelassenheit, fühlen uns selbst angenommen und erleben eine unantastbare, uns und der Mutter zugewandte Stärke.

- *Die Übung mit dem Oval:*
  Wir zeichnen auf ein Blatt Papier ein Oval. In das Oval hinein zeichnen wir zwei Punkte, der eine Punkt ist die Mutter, der

andere Punkt, das bin ich. Wir umkreisen mit dem Stift immer wieder diese Punkte, immer auf der Linie des Ovals. Wir denken in dieses Oval alle unsere Ängste, Verletzungen, Demütigungen, aber auch die gemeinsamen Freuden – und wir sehen, wir sind miteinander verbunden – eines gehört zum anderen, wir sind ein Schicksal – was soll die Frage nach der Schuld? Wir verzeihen der Mutter und auch uns selbst.

- *Die Übung im Wasserfall:*
  Wir denken uns eine hohe geräumige lichte Höhle. Sie ist wie ein Saal. Von oben her rauscht ein Wasserfall, klares, ruhiges, gleichmäßiges Wasser, kühl und frisch. Das Wasser fängt sich in einem nicht sehr tiefen Becken. Ich steige in dieses Becken und spüle alles ab: Staub, Belastungen, Kummer, Sorgen, Ängste. Ich lade meine Mutter ein, mit mir in diese Erfrischung zu kommen. Wir genießen den weichen, nicht zu kalten Strahl. Er umgibt uns wie ein Kleid. Wir fühlen die Nähe und ertragen sie.

- *Die Übung des „wertfreien Anschauens":*
  Wir halten uns an, Begebenheiten, Erlebnisse und Dinge wertfrei anzusehen. Das heißt, wir sehen einen Gegenstand und nehmen ihn wahr. Wertungen lassen wir nicht zu. Wir sehen den Gegenstand so an, dass wir durch ihn hindurch sehen. Denn die meisten Dinge nehmen wir wahr und bewerten sie im selben Augenblick, immer entsprechend unserer Erfahrungen. Zum Beispiel: Wir betrachten sorgfältig eine Rose: Sie besitzt einen Stiel, Dornen, Blätter mit Rippen, kleinen Zähnchen am Blattrand. Sie zeigt eine Blüte, die hat viele Blütenblätter, die Blütenblätter sind leicht gebogen, sie entwickeln sich aus einem Inneren, das Innere ist dunkel und voll. Wir könnten werten, wie schön die Rose!, die Dornen wie stachlig!, die Rose – o weh! – mit Mehltau überzogen, wie hässlich! Wir tun es nicht!

Mit der Übung des wertfreien Anschauens können wir uns angewöhnen, auch andere Situationen wertfreier zu betrachten. Wir können dadurch verhindern, immer wieder auf unsere eigenen wertenden und oft falsch bewertenden Reaktionen hereinzufallen.

Hier ist es eine Anleitung zum wertfreien Hören: Beim Hören ist es oft so, dass wir nicht nur Worte, Sätze hören, sondern wir hören Botschaften mit.

Mein Mann zum Beispiel sagt: „Es ist gleich 12.00 Uhr." „Interessant" könnte ich denken, er möchte wohl, dass ich die Uhren vergleiche! Oder ich könnte fragen: „Was meinst du damit?" Oder ich könnte denken, er will mir irgendetwas zu dem Film ‚Zwölf Uhr mittags' erzählen. Aber das ist es alles nicht!

Ich frage natürlich nicht, weil ich sofort weiß, was er sagen will: „12.00 Uhr ist Essenszeit. Hast du schon ...? Wenn nicht, geh' in die Küche!" Natürlich hätte er auch sagen können: „Ich habe Hunger, gibt's bald Mittagessen?"

Das sind die harmlosen, fast alltäglichen Begebenheiten der verschlüsselten Kommunikation. Der eine sagt etwas, der andere hört etwas anderes mit. Der Satz wird nicht mehr neutral gewertet und so wie er tatsächlich lautet, nämlich als eine Feststellung: Es ist zwölf Uhr mittags, sondern hier als eine Aufforderung, das Mittagessen zu bereiten.

Johanna M., 83: Frau Meier im Altersheim überrascht ihre Tochter eines Tages mit dieser Aussage: „Die Tochter von Frau Weber kommt einmal im Monat mit dem Flugzeug von London und putzt ihrer Mutter die Fenster!" Nun könnte die Tochter alles Mögliche heraushören: Frau Weber hat also eine Tochter, die in London lebt. Sie besucht ihre Mutter regelmäßig – einmal im Monat. Sie kann sich das leisten. Sie hat keine Flugangst. Sie hat wohl nichts anderes zu tun. Frau Weber kann sich keine Putzhilfe leisten. Die Fenster sind im Altersheim immer so schmutzig usw. Als gut geschulte Tochter weiß Frau Meiers Tochter ganz genau, was ihr die Mutter sagen will. Sie hört die Botschaft dahinter: Frau Weber hat eine Tochter, die jeden Monat (so oft!), von London (so weit!) zu ihrer Mutter reist (extra!), um ihrer Mutter die Fenster zu putzen (so liebt die ihre Mutter, und du?)!

Friederike W., 61: Zum Beispiel: Es ruft meine Mutter an und lädt zu ihrem Fest mit den Worten: „Ich habe ja in bald meinen runden Geburtstag, ich lade dich herzlich dazu ein, euch natürlich, es kommen viele!, Vera kauft sich extra was zum Anziehen!

Hach, da ist er, der alte Streit: Ich bin lässig, meine Mutter hält auf Ordnung und Konvention. Natürlich höre ich sofort die Botschaft und wieder mal ihre Bevormundung: Sie traut mir wohl nicht zu, dass ich etwas Richtiges zum Anziehen habe, immer kritisiert sie an mir herum,, als ob es das Wichtigste wäre, was ich anhabe ...! Und Vera. Vera wieder mal Vorbild!

Die ganz Skala der töchterlichen Reaktionsweisen fährt durch ihr Gehirn:

1. *Da gehe ich nicht hin! Bewertung und Reaktion: offener Trotz*
2. *Ich denke, was könnte der Mutter gefallen und zwänge mich in das Blaue. Bewertung und Reaktion: Anpassung.*
3. *Ich denke, wie könnte ich die Mutter ärgern und ziehen das durchsichtige Fetzenkleid an, was der Mutter absolut nicht gefallen wird. Bewertung und Reaktion: Rache, ich zeig's ihr!*
4. *Ich lasse Überlegungen, was der Mutter gefallen oder nicht gefallen könnte als eine Bewertung von einem „ordentlichem Kleid." Das hat mit mir nichts zu tun und ziehe das an, was mir unmittelbar selbst gefällt und in dem ich mich wohl fühle, wenn es sein muss, kaufe ich mir auch etwas. Bewertung und Reaktion: erwachsene Haltung.*

Diese Übung verlangst dies von uns: Wir steuern gegen Vermutungen und Botschaften hinter den Sätzen der Mutter und halten uns an, sie wertfrei zu nehmen, so, wie sie geäußert werden. Wir spielen das Spiel auf dieser bisherigen Ebene nicht mehr mit.

Auch das ist eine Form von Verzeihen, wenn wir gelassen loslassen, unsere ursprünglich-spontan-negativen Gedanken kontrollieren und ausgeglichen und flexibel reagieren. Wir handeln souverän aus einem liebevollen verständigen Geist heraus.

In der inneren Auseinandersetzung mit der Mutter öffnen wir uns in Liebe, verbeißen uns nicht mehr in Verletzungen und Kränkungen, sondern weiten uns. Dann suchen wir nicht mehr nach Schuld und Rache, Gegenwehr, sondern „die Liebe ist langmütig und freundlich, sie rechnet das Böse nicht zu", wie die Bibel sagt.

Verstehen, Verzeihen, Versöhnen

Es möchte wohl jeder Mensch in Frieden, im Glück, vollkommen und versöhnt und geborgen leben, in einem ursprünglich-paradiesischen Zustand, der uns verloren ging. Aber trotz ewiger Sehnsucht bringen wir's nicht fertig, bis hin zu diesem Paradox, dass für Frieden Kriege geführt werden.

Bei uns im alltäglichen Leben scheint alles nicht so dramatisch, möchte man meinen, aber es gibt genug unversöhnliche Brüche in Familien aus Erbschaftskämpfen, Grenzstreitigkeiten, Rangfolgegerangel, politischen Meinungsverschiedenheiten, Verständnislosigkeiten, Sprachschwierigkeiten, obwohl alle die gleiche Sprache sprechen. Sie entzweien ein Paar, eine Familie, Vater und Sohn, Mutter und Tochter, Eltern von ihren Kindern, Geschwister. Sie vergiften Familien ganze Generationen hindurch.

Wenn mir jemand Unrecht angetan hat, erwarte ich eine Entschuldigung und dann bin ich (vielleicht) bereit zu verzeihen. Also her-

aus aus dem Schmollwinkel und der Selbstmitleidsecke! Verzeihen heißt, dass ich keine Schuldrechnung aufmache und dass alles, was gestern war, durchgestrichen ist – vergeben und möglichst auch vergessen werden soll.

Darauf sind wir alle angewiesen, um ausgeglichen und zufrieden zu leben – im Frieden mit den anderen und letzen Endes mit uns selbst. Wir wissen doch, fortgetragener Zank und nachgetragene Beleidigungen führen zu nichts als zu Mißstimmung und Vergiftung, auch wenn es nicht gleich zu generationenlangen Familienzwisten kommen muss. Ohne Reibungen und Streit geht es nun einmal nicht ab, wo Menschen miteinander leben. Aber wenn es erträglich und menschlich sein soll, dürfen sie nicht das letzte Wort behalten und dauerhaft Platz in uns greifen und uns beherrschen.

Hass, Angst, Streit, laute Wut, nagender Ärger, Selbstmitleid sind die schleichenden Begleiter, die immer wieder negative Gefühle in uns hochkochen. Das hat schlimme Folgen für unsere persönliche Zufriedenheit, bringt uns aus dem Gleichgewicht und zerstört damit die Welt unserer Beziehungen.

Wir versöhnen uns einfach! Wir gehen aufeinander zu und entschuldigen uns. Wir bedauern. Es tut uns leid. Was theoretisch so klar und einfach klingt, ist in Praxis gar nicht so leicht. Einer muss anfangen! Denn selten gehen die beiden Streithähne gleichzeitig aufeinander zu, um sich die Hand zur geben. Einer muss das erste Wort finden: Entschuldigung, Verzeihung und den richtigen Ton treffen, damit der andere ihn anhört und bereit ist. Der, der Unrecht getan hat, signalisiert, dass er einsieht und bereut. Der, dem Unrecht angetan wurde, signalisiert Versöhnungsbereitschaft und Friedenswillen: Menschlichkeit über alles Unrecht hinaus.

Nun könnte man einwenden, dass Recht Recht ist und bleibt, und wenn einer Recht hat, dann kann man doch nicht einfach plötzlich und charakterlos klein beigeben, oder?

Aber was bringt's? Gewinner ist nicht der, der schließlich mit dem Magengeschwür oder Herzschmerz sich als Überlegener fühlt, sondern der, der den Mut und die Größe hat, auf den anderen zuzugehen und das Spiel zu beenden, in dem es letzten Endes keinen Gewinner gibt.

Tja, schließlich haben wir ja alle eine Ehre und ein ausgeprägtes Ehrgefühl für unseren Selbstwert. Und ist das nicht unser archaisches Erbe aus der Steinzeit: Verteidigung von Leben und Ehre, Revier und Recht, Beute und Besitz? Damals lebensnotwendig und heute – auch immer noch so? Wer sich zur Versöhnung vorwagt, riskiert der nicht Hohngelächter, Abweisung und eine Blamage? Man sieht, wir sind verwundbar, verletzlich in unserem seelischen Revier!

Was riskieren wir mit dem ersten Schritt – hinaus aus uns? Zurückweisung, ja das könnte sein. Aber riskieren wir nicht eher den Abschied von den eigenen Eitelkeiten und Selbstverliebtheiten? Wenn es gut geht, treffen wir auf den anderen, der schon gewartet hat. Und ob spontaner Freudenausbruch oder langsame Versöhnung: Wir gewinnen Einsichten über uns selbst, wir gewinnen eine freiere, ehrlichere Beziehung, frei vom Schutt alter Tage, wir gewinnen Reife und Menschlichkeit.

Und kommen wir über die tiefen Verwundungen gerade der deutschen Geschichte hinweg, wenn wir nicht zur Versöhnung bereit sind?

Es gibt Unrecht, das Unrecht ist und bleibt. Man muss Unrecht beim Namen nennen und wenn möglich ahnden – gewiss. Trotzdem – es ist geschehen, es ist eine Tatsache. Wie damit leben? Verwischen und verschleiern wäre unangemessen. Vergessen geht nicht. Unrecht lebenslang nachtragen und die Wut und den Hass ständig präsent halten, ist keine Möglichkeit. Die meisten spüren vermutlich extreme Reaktionen: Sie erleben wütenden Hass und um ihn zu vergessen, resignative Lethargie, oder sie spüren fatale

Lust auf Rache und weil sie das nun doch nicht fertig bringen, bleibt ihnen nur lähmende Ohnmacht. Das alles belastet. Das zehrt an der Kraft, versauert den Alltag und beschwert das Lebensgefühl.

Man wird einen Weg, eine Möglichkeit finden müssen über das erlittene Unrecht hinaus, ein versöhntes Leben zu führen. Dabei wird das Unrecht konstatiert, es ist geschehen, mir ist Unrecht geschehen, aber ich leide nicht mehr.

Die eine Methode zur Problembewältigung, ist die Entscheidung gleich einem Schnitt: Ich lasse mich von den Gedanken an geschehenes Unrecht nicht mehr überwältigen und beherrschen. Punktum!

Es ist mir Unrecht geschehen, aber ich wende mich dem Leben zu. Unrecht und Verletzung gehören zu meinem Leben – leider. Die begleitenden Negativgedanken fordern mich heraus, Toleranz, Geduld und Friedfertigkeit zu üben. Das können wir nicht? Das haben wir nie gelernt? Das also könnte eine neue Übung sein! Ich könnte einen, meinen Weg finden aus meinen manchmal extremen Verhaltensweisen und Zuständen. Die Aufgabe für mich könnte sein, in mir eine liebevolle Mitte, einen Gemütszustand zu schaffen, bei dem Mitgefühl und Verzeihen und Liebe wächst – Liebe zu mir, aber auch zu dem, der mich verletzt und mir Unrecht getan hat.

Wie das? Mitgefühl auch mit dem, der mir Übles angetan hat? Ja, auch mit dem! Über die Situation des anderen nachdenken: Wie kam es dazu, wie mag er sich fühlen, welche Ungerechtigkeiten mag er erlebt haben, woran könnte ich schuld sein? Sich einfühlen, mitfühlen mit dem anderen und dadurch von den eigenen Empfindlichkeiten absehen. Sich aufschließen für den anderen. Das könnte eine Brücke schlagen. Denn der innere Friede lässt sich nur erreichen, wenn wir Mitgefühl entwickeln für andere. Das Einfühlen macht uns versöhnlicher, weicher, vielleicht sogar demütiger. Eine Umkehrung tritt ein: Wir bedauern vielleicht plötzlich den anderen.

Das erzeugt eine andere Ebene, weg von Rechthaben und Aufrechnen.

So wird der Einzelne mit seiner eigenen Vergangenheit leben lernen.

Erika M., 64: Erika hatte eine Mutter, mit der sie sich zu Lebzeiten nie aussprechen konnte. Nach ihrem Tod stellte sie fest, dass sie hintergangen und ums Erbe betrogen worden war.

Auch in einem solchen Fall, auch wenn man sich nicht mehr austauschen kann, kann man sich versöhnen. Auch mit Toten kann man sich versöhnen. Wenn man über deren Lebenslauf nachsinnt, deren Fehler, Zwänge, Nicht-anders-sich-verhalten-können verstehen lernt, dann kann Verzeihen beginnen. Erika schafft es schließlich über Hassgefühle und Enttäuschungen hinwegzukommen und nimmt das ihr angetane Unrecht als ihr Schicksal an.

Diese Erfahrung, dieser innere Zustand hilft auch weiter, wenn der andere sich nicht versöhnen will und hilft auch, wenn man einfach nicht vergessen kann.

Irgendwann einmal im Laufe unseres Lebens wird uns bewusst, dass wir neben den guten Eigenschaften auch schlechte besitzen, solche, die uns fremd vorkommen, die wir an uns selbst ablehnen. Einen anderen mit diesen Eigenschaften würden wir anklagen, schneiden, vielleicht sogar bestrafen. Mit den Negativanteilen in uns – mit dem Schatten nach C.G. Jung – ist schwer umzugehen. Wir sind uns fremd, wir hassen uns vielleicht sogar dafür. Manche bekämpfen das eigene Negative in einer anderen Person und entlasten sich dadurch. Andere fühlen sich ständig schuldig oder suchen immer und sofort Schuld bei sich. Ja, sie spießen das eigene Fehlverhalten und Ungenügen vielleicht sogar mit (böser) Lust auf unter dem Motto „ich hab's ja immer schon über mich gewusst!". Selbstkritik ist gut, aber nur Selbstkritik und unbarmherzige dazu, bringt uns um. Einer, der sich immer ablehnt, beleidigt sich selbst.

Im Grunde ist diese Selbstbeleidigung eine Selbstzerstörung und Selbstvernichtung. Und – eine Beleidigung für den Schöpfer. Ein solcher Mensch kann keine Souveränität zur Versöhnung besitzen.

Ein mit sich versöhnter Mensch schöpft aus anderen Quellen. Wer sich selbst verzeihen kann, hat Übung in Großmut und Nachsicht. Wer sich selbst verzeiht, verzeiht auch einem andern. Wenn man Großzügigkeit, Herzenswärme und Mitgefühl für sich entwickelt hat, kann man es auch im Umgang mit anderen zeigen und leben! Und – wenn wir mit uns selbst im reinen sind, werden wir auch leichter die Worte finden, die eine Brücke zur Versöhnung schlagen könnte. Das Versöhnliche in uns bringt die entgegenkommende Geste und das erlösende Wort.

Manchen fehlen die Worte – sie schreiben das Verzeih mir in einen Brief. Vielleicht legen sie ihn auf den Tisch, bevor sie gegangen sind. Für andere, die ihre Versöhnungsbereitschaft nicht in Worte ausdrücken können: Es genügen oft auch Gesten, ein verzeihendes Streicheln, eine Blume, ein Blumenstrauß oder eine andere besondere Aufmerksamkeit. Vielleicht ein leckeres Lieblingsgericht für den verletzten Partner oder die gemeinsame Schöne-Stunden-Musik aufgelegt, die für beide Bedeutung hat oder ein Mon chérie, irgendetwas, was dem anderen Wiedergutmachung und Versöhnungsbereitschaft signalisiert.

Der Elan der Versöhnlichkeit, des familiären Gleichmuts zaubert ein Lächeln ins Gesicht und gibt verzeihende, heitere Gelassenheit.

Und braucht nicht gerade unsere Welt am Rand des Abgrunds immer wieder diesen Impuls zu neuen Anfängen: Verzeihen, um endlich Frieden zu finden und eine weltweite Versöhnung?

„Versöhnung ist mitten im Streit, und alles Getrennte findet sich wieder." weiß Friedrich Hölderlin.

Schlusswort

Natürlich stehen wir unmittelbar im Leben und sind unmittelbar konfrontiert: Wir als junge Töchter, als Mütter dieser Töchter, als „mittelalte“ Töchter unserer Mütter und letztendlich auch als die Mütter und Großmütter dieser Töchter und unserer Enkelinnen.

Täglich zieht eine provozierende Tochter mit Türenknall aus, eine 27-Jährige mit Kind und Hund, ohne Mann und Beruf wieder ein. Uns ärgert unser Großmutterstatus und das Chaos der erwachsenen Töchter, gleichzeitig wartet Mutter im Altersheim mit vorwurfsvoller Miene – keine findet Zeit?

Kurz angerissen habe ich die häufigsten Probleme, die Zwingen und Klammern oder das Dynamit der Mutter-Tochterbeziehung. Unfreiheiten – wohin man blickt?

Aber nein! Frauen machen sich frei! Frei sind sie erst, wenn sie so sind, wie sie sind. Frei sind sie, wenn sie sich zu sich als Frau entschieden haben. Nicht mehr und nicht weniger. Nicht wie der Mann, die Mutter oder irgendeine andere Frau. Sie sind einverstanden mit sich! Das ist viel. Das braucht keine Emanzipation mehr als Kontrasthaltung oder Gleichgesinnung gegen oder mit dem Mann, gegen (konservative) Frauen oder für (progressive) Frauen. Diese Zeiten von Emanzipation haben wir hinter uns. Was nicht heißt, dass wir nicht noch weiter Emanzipation auf unserem Weg gebrauchen könnten. Dies möchte ich aber nicht mehr Emanzipation im herkömmlichen Sinne nennen, sondern Erziehung zu sich selbst: zu Mut, Disziplin und Entschiedenheit, zu diesen ewig alten menschlichen Tugenden.

Die Entschiedenheit zu sich selbst macht frei, die Übereinstimmung mit sich selbst. Letztendlich ist es die innere Zufriedenheit als eine Gewissheit von Stärke.

Das fällt nicht in den Schoß. Es muss erprobt werden, sich herauskristallisieren, herausschälen aus dem Unbewussten.

Wir sind Töchter von Eva, Mutter Maria, Elisabeth von Thüringen, Carmen, Marie Antoinette, der Weiber von Weinsberg, von Mutter Teresa, Johanna von Orleans, Rosa Luxemburg, Madame Curie, Simone Weil. Wir sind ernsthafte, leichtsinnige, lasterhafte, kämpferische, sinnliche, tapfere, mutige, aufopfernde, intelligente, gebärfreudige und politische Töchter. Wer erkennt uns als solche, wenn nicht wir?

In jeder Frau stecken Möglichkeiten – viele oder auch „nur" die eine oder die andere. Wer sagt sie uns, wenn nicht wir uns selbst?

Nicht gleich wie die Mutter, wie der Mann, wie die Meinung der Welt oder wie irgendein Vorbild. Nur gleich wie unsere eigenen Möglichkeiten. Nicht getrimmt und nicht verklammert! Nein, selbst erfunden und selbst gefunden – und so ist es wohl auch gottgewollt, oder?

Dazu gehört die Beschäftigung mit anderen Frauenfiguren, auch eben die mit der Mutter und den Frauen unserer Familie, auch möglicherweise mit der Schwester. Wir erkennen uns leichter, wenn wir uns herauslösen aus dem Verband, wie eben alle Farben auf weißem Hintergrund deutlicher zu erkennen sind.

Gut ist es, sich aus dem Gleichsein und der Umklammerung freundschaftlich zu lösen, oft geht es nicht ohne Kampf. Aber nicht der Protest oder Kampf macht uns frei – sondern nur, wenn wir uns als Teil eines Ganzen erleben können – allerdings als ein sehr eigenständiger Teil dieses Ganzen.

Ein eigenständiger Mensch klammert nicht und lässt sich nicht klammern, er ist losgelöst und doch verbunden, er ist anspruchsvoll und doch mit den eigenen Möglichkeiten versöhnt. Jeder trägt seine eigene Möglichkeit.

Und so kommt es zu dem schönen Phänomen der gegenseitigen Bereicherung, nicht nur von Frau zu Mann, von Generation zu Generation, sondern auch von Mutter zu Tochter und von Tochter zu Mutter. Jede schenkt der anderen seinen Teil von Erkenntnis, Erfahrung und Wissen – nicht in einer verbissenen Verklammerung, sondern in einer zärtlichen Versöhnung.

Der Tochter-Mutter-Fragebogen

Wozu dient dieser Fragebogen?

Dieser Fragebogen befasst sich mit der Beziehung zwischen Tochter und Mutter. Die Auswertung soll in mein zukünftiges Buch mit dem Arbeitstitel: *Mutter-Tochter – Verkettete Herzen* eingearbeitet werden.

Mutter-Tochter-Verhältnisse sind meist selbstverständlich vertraut, wie die eigene Haut, aber oft ungeklärt. Emotionales wie Erwartungen aneinander, selbstverständlich beanspruchte Zuwendungen, Liebe, Dienstleistungen, Harmoniebedürfnis, auch Streit und Verletzungen sind meist nie in Frage gestellt oder besprochen.

Dieser Fragebogen sollte – falls er Defizite aufdeckt und Trauer auslöst – auf keinen Fall zu Schuldzuweisungen der Mutter oder sich selbst gegenüber auffordern.

Der Fragebogen kann der eigenen Aufarbeitung dienen.

Margarete Mitscherlich sagt sinngemäß: Frauen werden nicht wirklich frei und selbstbestimmt ohne die Ablösung von der Mutter.

Bitte beantworten Sie diesen Fragebogen ganz subjektiv, Ihrer eigenen persönlichen Wahrheit entsprechend. Dies gilt auch, wenn Ihre Mutter schon verstorben sein sollte.

Bitte antworten Sie anonym.

Sie können den Fragebogen vervielfältigen und weitergeben. Wichtig ist, dass die weitergereichten Fragebögen möglichst wieder an mich zurückkommen.

Wenn Sie wollen, können Sie auch unfrei schicken.

Selbstverständlich können Sie Ergänzungen, Kritik und Korrekturen anbringen. Und gut wäre es, auf einem extra-beigefügten Blatt, Eindrücke und Gefühle oder die Mutter-Tochter-Geschichte zu notieren.

Vielen Dank für die Mühe, die Sie sich gemacht haben. Ich kann nur hoffen, dass es Sie angeregt und weitergebracht hat, und Ihnen vielleicht manch fruchtbaren Dialog eröffnete.

Danke. Ihre Roswitha Stemmer-Beer
24.04.2002

Der Mutter-Tochter-Fragebogen

1. Fragen zu Ihrer Person:

- Ihr Alter
- Ihre Schulbildung — Ihr Abschluss:
- Ihr gelernter Beruf
- Ihr ausgeübter Beruf

- Heirat — o ja / o nein

- Kinder — Tochter/__Töchter / Sohn/__Söhne / Keine eigenen

- Alleinerziehend — o ja / o nein

- Schulbildung der Mutter — Abschluss:
- Gelernter Beruf der Mutter — Abschluss:
- Ausgeübter Beruf der Mutter

- Schulbildung des Vaters
- Beruf des Vaters
- Ihre Geschwister:

Wir sind__Geschwister
- Ich bin der/die Älteste, Mittlere, Jüngste
- Vor mir sind__Jungen/__Mädchen, nach mir sind__Jungen/__Mädchen

(Nichtzutreffendes bitte streichen)

2. Fragen zu Ihrer Familie:

- o **Meine Mutter lebt noch**
- o Ich pflege, betreue meine Mutter regelmäßig
- o bei mir zuhause
  - o im Altenheim, Pflegeheim
  - o an einem anderen Ort, wo?:

- o Ich besuche meine Mutter
  - o freiwillig regelmäßig/unregelmäßig
  - o notgedrungen regelmäßig/unregelmäßig
  - o öfter
  - o nie

- o ist verstorben: Krankheit, welche? ________Unfall, welcher?

- o **Mein Vater lebt noch** (Nichtzutreffendes streichen)
- o ist verstorben
- o Hatten/haben Sie einen zweiten (dritten) Vater? Von Ihnen geliebt – ungeliebt – abgelehnt – gleichgültig behandelt?
- o War er Ihnen gleichgültig – bewundert – gefürchtet – fremd – offen (oder verdeckt) inzestuös?
- o Hatten/haben Sie eine zweite (dritte) Mutter? Von Ihnen: geliebt – ungeliebt – abgelehnt – gehasst – gleichgültig behandelt – eifersüchtig – bewundert – gefürchtet – fremd – aggressiv/trotzig/ gehässig verfolgt?
- o verstorbene Geschwister in Kindheit und Jugendzeit: Welche Geschwisterfolge hatte das verstorbene Geschwister? Wurde ein „Ersatz" geboren? Gab es einen Bruch in der Familie? Wurden Sie zum Ersatz? Danach war lange – „ewige" – kurze – ‚normale' Trauer. Eine ganz andere Trauer:

  Welcher Art?________________________________

- o Todesursache des Verstorbenen:

  Krankheit, welche?____________________________

  Unfall, welcher? ____________________________

Hier ist Platz für Ihre persönlichen Notizen:

3. Persönlichkeit und Charakter Ihrer Mutter:

a) Wie würden Sie Ihre Mutter spontan beschreiben?
(Nichtzutreffendes bitte streichen)

herzlich	belesen	kühl	intelligent	gebildet
humorvoll	fromm	geschäftsmäßig	mittel begabt	ungerecht
mütterlich	charmant	raffiniert	behindert	kalt
hausfraulich	oberflächlich	falsch	musisch	selbstsicher
nachgiebig	dominant	herrisch	künstlerisch	selbstunsicher
scheu	geschwätzig	brutal	sensibel	besserwisserisch
geduldig	witzig	sadistisch	feinsinnig	rechthaberisch
unterdrückt	gesellig	masochistisch	kommunikativ	nörgelnd
still	laut	skrupellos	weise	raffgierig

nichts von alledem,
sondern

(Bitte schreiben Sie
andere zusätzliche
Eigenschaften)

b) Was glauben Sie, äußert Ihre Mutter anderen gegenüber spontan über Sie (Nichtzutreffendes bitte streichen)

Sätze der/des

- o Anerkennung
- o Bewunderung
- o Stolzes
- o Liebe
- o Solidarität

- o Ablehnung
- o Neids
- o Misstrauens
- o Hasses
- o Eifersucht
- o Kritik

4. Verständnis und Beziehung:

a) Wie empfinden Sie Ihr Verhältnis zu ihrer Mutter?

- o wunderbar
- o eigentlich wie immer
- o es hat sich viel geändert
- o sehr gut
- o freundschaftlich-vertraut
- o liebevoll
- o kumpelhaft
- o distanziert
- o kühl
- o schlecht
- o gehässig
- o keinen Kontakt

b) Können Sie mit Ihrer Mutter alles bereden? Unser Gespräch ist

- o in allen Punkten offen
- o bei Meinungsverschiedenheiten können wir gegensätzliche Meinungen stehen lassen
- o wir reden über alles wie intime Freundinnen
- o über Sexuelles sprechen wir nie, das ist ein Tabu
- o wir können über alles reden, aber mein Geheimstes bespreche ich mit meiner Mutter nie
- o wir vermeiden ein Gespräch, es gibt nur Streit
- o wir haben keinerlei Ebene
- o ich rede mit meiner Mutter schon lange nicht mehr
- o wechselnd

c) Wenn Sie an Ihre Kindheit denken, sind dann Ihre Grundstimmung und spontanen Gefühle Ihrer Mutter gegenüber voller

- o Zuneigung
- o Zärtlichkeit
- o Dankbarkeit
- o Bewunderung
- o Achtung
- o Liebe
- o Respekt
- o Angst
- o Wut
- o Hass
- o Neid
- o Verachtung

ein Gemisch aus

ganz andere Gefühle ______________________________

d) Offene Forderungen und Gebote:

Jede kennt vermutlich Sätze wie *„iß nicht so viel, du wirst zu dick"* oder *„die XY-Töchter können so schön Flöte spielen"* oder *„dass du mir das antust"* oder *„als ich so alt war wie du jetzt, konnte ich schon das und das"* oder *„sei doch mal fröhlich"*.
Welcher Satz/Sätze aus Ihrem Leben fallen Ihnen dazu ein?
Bitte notieren Sie:

	ja	nein
• Waren diese Sätze prägend?		
• Waren sie ein Ansporn?		
• Finden Sie diese Sätze richtig und hilfreich?		
• Haben Sie unter diesen Sätzen eher gelitten?		

e) Verborgene Familienleitsätze:

In fast jeder Familie existieren Familienleitsätze. Der Familienleitsatz (-leitsätze) ist die verborgene Grundausrichtung, Grundaussage in einer Familie, nach dem oder nach denen gelebt wird bzw. gelebt werden soll. Es ist die verinnerlichte Philosophie einer Familie. Wer in Temperament, Begabung und Anlage von dieser Grundtendenz abweicht oder abweichen muss, kann entsprechende Schwierigkeiten bekommen.
Die Familienleitsätze sind schwierig zu erkennen, weil sie unausgesprochen und unterschwellig wirken.
Sie können von Generation zu Generation weitergegeben werden: Leitsätze oder Familienmotti wie zum Beispiel:

- Wir sind etwas Besonderes
- Hervorragende Leistungen sind für uns Verpflichtung
- Wo Gott uns hingestellt hat, harren wir aus
- Wir halten durch bis zum (bitteren) Ende
- Vor Männern muss man sich hüten, allenfalls kann man sie ausnützen

Oft werden diese Leitsätze in Geschichten weitergegeben. Geschichten wie zum Beispiel:

- die Geschichte über den Onkel, der zu viel trank
- die Geschichte über die reiche, schöne, (vom Ehemann verwöhnte), kinderlose Tante
- im gleichen Atemzug die Erzählung von der armen unglücklichen Tante, die es nicht geschafft hat, den „richtigen" Mann zu heiraten
- über die Großmutter oder die Tante mit irgendeiner speziellen Tugend, Fähigkeit oder Charaktereigenschaft
- die Darstellung von Frauen in der Familie, die opferbereit – mutig – stark – demütig – tüchtig – herrschaftlich – bescheiden – religiös sind, waren usw.
- Was fällt Ihnen dazu ein: Welche Botschaften (Motti) gibt/gab Ihre Mutter weiter?
- Welche Leitzsätze gibt es bei Ihnen? Welche Geschichten häufen sich bei Ihnen?
- Gab es in Ihrer Familie rituelle Handlungen wie z.b. den Knicks, das Kreuzeszeichen vor dem Ausgehen mit einem Mann o.ä.?

f) Was wird in Ihrer Familie verschwiegen, tabuisiert?

- o Selbstmord
- o Abtreibung
- o Kinderlosigkeit
- o Seitensprung
- o Verlobte
- o außereheliche Beziehungen
- o Pleiten, Bankrott
- o kriminelle Handlungen
- o Inzest

5. Distanz und Abwehrmechanismen

	stimmt	stimmt nicht
• Ich kann meiner Mutter sagen, wenn ich mich nicht mit ihr unterhalten oder sie nicht sehen will, wenn sie mich nervt		
• Ich kann meiner Mutter sagen, wenn ich eine andere Meinung habe		
• Meine Mutter akzeptiert meinen Lebensstil, auch wenn sie ihn nicht versteht		
• Meine Mutter beredet und manipuliert mich so lange, bis ich tue, was sie will		
• Meine Mutter will nichts mehr mit mir zu tun haben, wenn ich nicht tue, was sie sagt und will		

a) Ertappen Sie sich (oder wird es Ihnen gesagt), dass Sie sind/ sich verhalten wie Ihre Mutter? Was löst das in Ihnen aus?
(Nichtzutreffendes bitte streichen)

Stolz	Scham	Minderwertigkeits-gefühle	Gleichgültigkeit
Würde	Ohnmacht		Resignation
Selbstbestätigung	Verachtung	Verzweiflung	
Euphorie	Wut	Selbstaggression	
		Bezichtigungen	

ganz andere Reaktionen

____

b) Gibt es in Ihrem Umfeld Personen, die in Ihnen ähnliche Gefühle wie bei der Begegnung mit Ihrer Mutter auslösen: Freude, Ohnmacht, Angst, Unterlegenheit?

- o ja Wenn ja, wie viele? viele – mittel – wenige – niemand
- o nein
- o andere Eindrücke ________________________________

c) Wie haben Sie die Erziehung Ihrer Mutter empfunden? Als eine Erziehung zu

- o Freiheit
- o Selbstbestimmtheit
- o Souveränität
- o Demokratie
- o Nächstenliebe
- o Denken
- o Entscheiden
- o eigenständigem Handeln
- o Mut
- o Kreativität
- o Phantasie
- o Musikalität
- o Spiel
- o Religiosität
- o Anpassung
- o Selbstaufgabe
- o Fremdorientierung
- o Machtanspruch
- o Sich-Fügen
- o Autoritäten-Akzeptieren
- o Abwarten
- o wenig Stellung-Beziehen
- o Sich-Ducken
- o So-sein-wie-andere
- o Vergleichen
- o Bravheit
- o Lächeln
- o Frömmelei

ganz anders ____________________

Bitte schreiben Sie so ausführlich Sie mögen

d) Sind sie (äußerlich) abhängig von Ihrer Mutter?

- o Bewohnen eines gemeinsamen Hauses
- o Pflege der Mutter
- o Geldzuwendungen der Mutter
- o Hoffen auf ein Erbe
- o andere Abhängigkeiten ____________________

e) Sind Sie innerlich von Ihrer Mutter abhängig?

- o Der Verlust der Anerkennung und Zuwendung Ihrer Mutter stürzt Sie in Trauer – ängstigt Sie – zieht Ihnen den Boden unter den Füßen weg – löst anderes bei Ihnen aus, was?

____

- Sie suchen die Gesellschaft von Frauen, die in irgendeiner Weise Ähnlichkeit mit Ihrer Mutter haben
- Sie meiden Frauen, die Ihrer Mutter ähneln
- Sie engagieren sich in der Altenpflege besonders bei älteren Damen
- Haben Sie Schuldgefühle beim Gedanken an Ihre Mutter? ja – nein – etwas
- Was haben Sie im Umgang mit Ihrer Mutter Ihrer Meinung nach versäumt?
- Weichen Sie möglichst allen „Mutterfiguren", die Sie an Ihre Mutter erinnern, aus?
- Benehmen Sie sich patzig, trotzig, aggressiv gegenüber Frauen, die in irgendeiner Weise an Ihre Mutter erinnern?
- Sie lehnen die Kirche in vielen Teilen vehement ab, austreten würden Sie aber aus der „Mutter Kirche" nie? Stimmt – stimmt nicht – darüber habe ich mir noch keine Gedanken gemacht (Nichtzutreffendes bitte streichen)

f) Welchen Erziehungsstil pflegte Ihre Mutter?

- Lob
- Bevorzugung
- Schmeicheleien
- Geldzuwendungen
- Versprechungen
- Geheimnisse
- Überzeugungsdiskussionen
- Schokolade/Lieblingsessen
- Geschenke
- Aufopfernde Mithilfe
- Tatkräftige Unterstützung
- Du-bist-mein-Liebling
- Vertraulichkeiten
- Küsse
- Streicheln
- Drohungen
- Liebesentzug
- Essensentzug
- Ausgrenzen
- Schweigen
- Niederreden
- Schimpfen
- Schläge, Zwicken, Treten
- Unmut und dicke Luft
- Migräne
- Herzversagen
- Magenweh
- Einsperren
- rotes Gesicht, verzerrte Miene
- kalte Bäder, Mundausspülen

eine Mischung aus ______________________________

ganz andere Formen ______________________________

g) Gegen welches Verhalten Ihrer Mutter können Sie sich heute noch nicht wehren? (Bitte nennen Sie Begriffe aus dem oberen Katalog oder eigene)

i) Sie können sich in der Zwischenzeit wehren! Wie haben Sie das geschafft?

Allein – im Gespräch mit meiner Mutter – gemeinsam mit meinen Geschwistern – nach Lektüre eines Buches – mit Hilfe meines Mannes – meine Freunde/Freundinnen haben mich bestärkt.
Ich habe eine kürzere – längere Familien-, Gestalt-, Verhaltenstherapie, Psychoanalyse hinter mir – will ich anfangen – bin noch mitten drin (Nichtzutreffendes bitte streichen)

Ende und Dankeschön fürs Durchhalten!

■ REIHE LEBENSFORMEN ■

■ Ulrich Beer / Heidrun Steuernagel: **Das Früchtehoroskop.** Eine heitere Charaktertypologie.
2005, 150 S., ISBN 3-8255-0505-7, € 14,90

■ Ulrich Beer: Graphologie. **Handschrift ist Herzschrift.**
4. Aufl. 2003, 190 S., ISBN 3-8255-0413-1, € 17,90

■ Eva Dehm-Hasselwander: **Dein Kind ist eine Persönlichkeit.** Was Kinder wirklich brauchen.
2. Auflage 2006, 176 S., ISBN 3-8255-0645-2, 15,90 €

■ Klaus Otto Nass: **Mutter und Kind im Wettlauf mit der Zeit.** Risiko-Geburt und erste Lebensjahre. Die Vojta-Methode.
2004, 272 S., geb., ISBN 3-8255-0424-7, € 18,90

■ Roswitha Stemmer-Beer: **Familiäres.** Ein Ratgeber-Buch.
2006, 160 S., ISBN 3-8255-0548-0, € 9,90

■ Ulrich Beer: **Neues Glück finden.** Von einer Trennung zu einer neuen Bindung.
1991, 176 S., ISBN 3-8255-0439-5, € 9,90

■ Walter Lobenstein: **Der Silbermann.** Kurze Geschichen.
2005, 170 S., ISBN 3-8255-0502-2, € 14,90

■ Pacifico Cristofanelli: **Du und dein erster Weg durch die Welt der Handschrift.**
(aus dem Italienischen übersetzt von Elisabeth Stipanek Klauer)
2006, 108 S., ISBN 3-8255-0657-6, € 15,90

■ Ulrich Beer: **Mit weniger gesünder leben.** Im Überfluß das eigene Maß finden.
3. Aufl. 2006, 136 S., ISBN 3-8255-0498-0, € 14,90

■ Veronika Schlüter: **Der rätselhafte Kontinent jenseits der Elbe.** Merkürdigkeiten und Bemerkenswertes zwischen 1987 und 2005.
2006, 176 S., Abb., ISBN 3-8255-0506-5, € 15,90

■ Barbara Meyer: **Das pralle Leben.** Schöne scharfe Geschichten.
2006, 148 S., ISBN 3-8255-0648-7, € 14,90

■ Regine Busch: **Krach und Krisen in der Partnerschaft.** Persönliche Fragen und psychologische Antworten.
2. Aufl. 2006, 240 S., ISBN 3-8255-0509-X, 18,90 €

■ Ulrich Beer: **Lebensgeister – Lebensmeister.** Meine spirituellen Führer.
2007, ca. 250 S., ISBN 978-3-8255-0672-8, ca. 20,– €

■ Cornelia Kühn-Leitz: **Theater – Spiel und Wirklichkeit.** Auf deutschen Bühnen und in fremden Ländern.
2007, 168 S., Abb., geb., ISBN 978-3-8255-0461-8, € 18,50

■ Fabian Tritschler: **Mit der Sonne im Gepäck.** Als Zivi in Ecuador.
2005, 174 S., 33 Farbabb., ISBN 3-8255-0507-3, € 16,90

■ Rudolf Steinle: **Hineingewachsen.** Jugend vor und nach 1933.
2005, 140 S., Abb., ISBN 3-8255-0537-5, € 15,90

■ Ulrich Beer: **Kreative Autorität.**
4. überabeitete Aufl. 2007, 158 S., ISBN 978-3-8255-0431-1, € 14,90

■ Ulrich Beer: **Nach Herzenslust.** Geschichten – Gedichte – Gedanken.
2004, 306 S., geb., ISBN 3-8255-0490-5, € 23,50

■ Siegfried Scharf: **Sagenhafter Hochschwarzwald.** Eine Landschaft erzählt.
2006, 334 S., 209 Abb., geb., ISBN 3-8255-0631-2, € 20,–

■ Ulrich Beer: **Nur ein Kind!** Auf dem Weg zur Ego-Gesellschaft?
2. Aufl. 2004, 200 S., ISBN 3-8255-0497-4, € 18,90

■ Harda von Poser: **Blühen wie eine Blume.** Einer Krankheit begegnen.
2006, 190 S., ISBN 3-8255-0610-X, € 14,90

■ Kempter, Georg Friedrich: **Erlebter Mythos.**
200 S., Abb., geb., ISBN 3-8255-0629-0, € 25,–

■ Pacifico Cristofanelli: **Die Persönlichkeit in der Handschrift.**
(aus dem Italienischen übersetzt von Elisabeth Stipanek Klauer und Birgit Wachter)
2006, 254 S., ISBN 3-8255-0634-7, € 19,90

■ Rudolf Köster: **Was kränkt, macht krank.** Seelische Verletzungen erkennen und vermeiden.
5. Aufl. 2003, 130 S., ISBN 3-8255-0425-5, € 14,50

■ REIHE LEBENSFORMEN ■

■ Ulrich Beer / Ernst Burmann (Hg.): **Jeden Morgen neu.** Die Bibel in 366 Tagesthemen.
2. Aufl. 2004, 384 S., ISBN 3-8255-0500-6, € 24,90

■ Roswitha Stemmer-Beer: **Zu alt für die Liebe?** Liebe, Partnerschaft und Sexualität im Alter.
1994, 200 S., ISBN 3-8255-0451-4, € 20,–

■ Rudolf Köster: **Depression – nicht alles ist Schicksal.** Vorsorge und Selbsthilfe – Chancen der Heilung!
2003, 170 S., ISBN 3-8255-0417-4, € 15,90

■ Roswitha Stemmer-Beer: **Abenteuer Lebensmitte.** Frauen im Wirbel der Wechseljahre.
2. Aufl. 2005, 180 S., ISBN 3-8255-0443-3, € 16,90

■ Rudolf Köster: **Im Gleichgewicht bleiben.** Umgang mit seelischen Belastungen.
4. Aufl. 2006, 130 S., ISBN 3-8255-0545-6, € 14,90

■ Ulrich Beer: **Was Farben uns verraten.** Eine bunte Psychologie.
5. Aufl. 2004, 192 S., ISBN 3-8255-0445-X, € 17,90

■ Helmut Fleischer: **Aus Hitlers Krieg durch Stalins Gulag.** Rückblick auf eine bewegende Geschichte.
2007, ca. 150 S., ISBN 3-8255-0503-0, ca. € 16,–

■ Roswitha Stemmer-Beer: **An Selbstwert gewinnen.** Wege zum inneren Reichtum.
2. Aufl. 2007, 160 S., ISBN 3-8255-0539-1, € 15,90

■ Jeannine Grisius: **Dein Bild im Herzen.** Auf der Suche nach meiner afrikanischen Mutter.
2 Aufl. 2004, 172 S., Abb., ISBN 3-8255-0468-9, € 12,50

■ Siegfried Scharf: **Vom Hirtenbub zum Bürgermeister.** Ein Leben im Schwarzwald.
2003, 216 S., 100 Abb., geb., ISBN 3-8255-0449-2, € 17,90

■ Rudolf Köster: **Das gesunde Ich.** Die stärkste Kraft für Gesundheit und Leben.
2005, 380 S., ISBN 3-8255-0488-3, € 21,90

■ Ulrich Beer: **Kraft aus der Einsamkeit.** Eigene Potentiale erforschen und genießen.
1990, 192 S., ISBN 3-8255-0441-7, € 13,–

■ Roswitha Stemmer-Beer / Heidrun Steuernagel: **So heilt die Seele den Körper.** Praktische Psychosomatik.
3. Aufl. 2005, 240 S., ISBN 3-8255-0450-9, € 19,90

■ Ulrich Beer: **Ich bin mein eigener Arzt.** Selbsthilfe für mehr Wohlbefinden.
9. Aufl. 1990, 190 S., ISBN 3-8255-0438-7, € 7,–

■ Ulrich Beer: **Die Kunst, Menschen für sich zu gewinnen.** Richtig motivieren und überzeugen.
3. Aufl. 2003, 194 S., ISBN 3-8255-0429-8, € 17,90

■ Ulrich Beer: **Glücklich alt.** Die dritte Lebensphase kann die beste sein.
2. Aufl. 2004, 240 S., ISBN 3-8255-0496-4, € 19,90

■ Hans Ruh: **Störfall Mensch.** Wege aus der ökologischen Krise.
3. Aufl. 2005, 160 S., ISBN 3-8255-0504-8, € 16,90

■ Ulrich Beer: **Kriege beginnen im Herzen – der Frieden auch ...** Tabus und Vorurteile: ihre Wurzeln und Wirkungen.
2. Aufl. 2003, 130 S., ISBN 3-8255-0435-2, € 12,90

■ Ernst Burmann: **Rose und Balsam und Moschus.** Eine ökumenische Utopie.
2004, 330 S., ISBN 3-8255-0489-1, € 15,90

■ Ulrich Beer: **Junge Liebe ganz konkret.** So wird die Partnerschaft glücklich.
2. Aufl. 2007, 182 S., ISBN 3-8255-0540-5, € 16,90

■ Siegfried Scharf: **Vom Wald und den „Wäldern".** Schwarzwaldgeschichten.
2005, 190 S., 105 Abb., geb., ISBN 3-8255-0537-5, € 15,–

Zum Reihenherausgeber:
Ulrich Beer, geb. 1932, Dr. phil., Prof. h.c., ist Verfasser von mehr als 70 Büchern. Er war psychologischer Kommentator von über 60 Sendungen „Ehen vor Gericht" und lebt heute als freiberuflicher Psychologe, Graphologe und Fachschriftsteller im Hochschwarzwald.

DAS
FRIEDRICH VON
SCHILLER
KOCHBUCH
EIN LITERARISCHES KOCHBUCH
ROSWITHA STEMMER-BEER